中华国饮事典

茶苑

Zhonghua Guoyin Shidian Chayuan

◎主编 黄小勇

◎本册主编 张彬 杨雪

◎本册副主编 陈君平 申祖武

武汉大学出版社
WUHAN UNIVERSITY PRESS

图书在版编目（CIP）数据

中华国饮事典·茶苑·茶之养/黄小勇主编.—武汉：武汉大学出版社，2015.8

ISBN 978-7-307-15810-8

Ⅰ.中…　Ⅱ.黄…　Ⅲ.茶叶—文化—中国　Ⅳ.TS971

中国版本图书馆 CIP 数据核字（2015）第 103142 号

责任编辑：余　梦　　责任校对：方竞男　　装帧设计：吴　极

出版发行：**武汉大学出版社**（430072　武昌　珞珈山）

（电子邮件：whu_publish@163.com　网址：www.stmpress.cn）

印刷：武汉市金港彩印有限公司

开本：720×1000　1/16　印张：8.25　字数：105 千字

版次：2015 年 8 月第 1 版　　2015 年 8 月第 1 次印刷

ISBN 978-7-307-15810-8　　定价：1280.00 元（全套七册，精装）

总序

茶第一次给我留下深刻的印象，要追溯到30年前的那个春天。我到与学校相邻的城市杭州游玩，无意中走到了著名的龙井大队。恰好赶上春茶上市的日子，村边小路的两侧，密密麻麻地摆满了茶农自家生产的龙井茶，蜿蜒曲折的茶叶阵蔓延数公里。当时的集市十分简陋，一家一个箩筐，箩筐上面放一个大大的簸箕，簸箕上堆满了茶叶。每个农家都在簸箕的一角放一个大大的玻璃杯，里面泡的都是自家预售的茶叶。放眼望去，处处都是新茶的嫩绿，柔柔的嫩叶舒展在杯中，缕缕热气从杯中袅袅升起，与早春时节山中的薄雾相映成趣，满眼的嫩绿和不时吸入鼻中那若有若无的茶香味融合在一起，眼前一片春意盎然的景象。一时间，人竟有些恍惚，有一种飘飘然、如临仙境的感觉。我定了定神，沿着小道走了下去，最后，在一个自认为最好的茶叶摊前停下脚步。在茶主的盛情邀请下，我端起玻璃杯，大大地喝了一口（请原谅，当时的我真的不知道茶是要慢慢去品的），也许是我喝得太快，茶水入口时并没有什么特别的感觉。而当茶水被咽下去后，令人震惊的事情发生了，只觉得一股清新之气在口腔中盘旋，直冲鼻腔，好像真的是七窍都要通了一般。不知道古人的“六碗通仙灵”是不是描述我当时的感受，但可以肯定的是我在喝第一口时就有了“通仙灵”的感觉。当我鼓起勇气询问茶叶的价格，希望买上一点回去品尝的时候，摊主平静的回答，让我震惊了，他告诉我“200元一斤”。当时正在上大学的我，一个月的生活费也就只有30元左右！一斤茶叶居然要花费我半年的生活费！说实话，当时的我对茶叶并没有太多的认识，只知道它是一种可以泡来喝的饮料，大多是闲人们打发时间的饮品。看到我震惊的样子，摊主笑着给我讲起了龙井茶的故事。从茶农的口中我第一次听到了“虎跑泉水龙井茶”的传说，也第一次知道了茶叶的采摘是有时间要求的，不同的采摘时间和加工方法会给茶叶的品质带来巨大的影响。好的茶叶因为有极为苛刻的采摘和加工要求，产量十分有限，所以价格昂贵。当然也有品质一般的茶叶，只需要几块钱一斤。

真正让我对茶产生兴趣是在大学最后一年的夏天。那年中国航空公司宣布寒暑假期间可以对在校大学生出售半价飞机票，但前提条件是只在每天下午 3 点钟以后出售未卖完的第二天的机票。为了买到一张半价机票，几乎有一周的时间我每天下午都要从浦东跑到我预乘航班航空公司的售票大厅排队等票。上海的 7 月极为闷热潮湿，在正午的烈日下奔跑是极耗体力的。终于有一天我有些扛不住了，整个人都感觉到发虚发飘，口腔中不时有口水不受控制地涌出来，我知道自己要中暑了。误打误撞中跑进了城隍庙里的豫园茶楼，现在也记不清当时是为什么点了一壶龙井茶。几杯茶下去，中暑的感觉彻底消失了，虽然没有“两腋清风生”，但也有了几分神清气爽的感觉。原来这不起眼的茶叶居然有如此惊人的功效！从那时起，我对茶叶的兴趣便一发不可收拾，开始了对中华茶文化真正意义上的收集和研究。

几乎每一个中国人都知道“开门七件事，柴米油盐酱醋茶”，它反映了茶作为生活必需品在中国人日常生活中的重要地位。客来敬茶，是中国人待人接物的基本礼节。茶间话家常，其乐融融。随着中国社会的发展，茶作为一种文化载体，在保持其自然属性的同时，也引起了人们的关注，带领人们回归自然，予人以精神寄托。中国文人强调“人生八雅”“琴棋书画诗酒花茶”。中华茶文化源远流长，博大精深，为中华民族之国粹。从开门七件事的“茶”，到人生八雅的“茶”，从物质的茶到精神的茶，中华茶文化的发展经历了漫长的孕育期，在汲取了大量的中华民族传统文化精华的基础上，与时代的政治、经济、文化及人们的日常生活产生了完美的融合，并由此开始了其自身的形成与发展历程。

纵观我国茶文化的历史，中华茶文化的发展大致经历了以下几个阶段。

一、茶文化的孕育期

上古的黄帝时代，中华历史上发生了一个重大变化——文字的发明，这标志着中华历史迈进了文明的时代。文字发明以前，人们一般以实物记事。从传说和民族学的资料来看，上古记事的主要办法为结绳和刻契。而结绳应用于神农氏以前，至黄帝时代，随着经济、文化、生活的快速进步，结绳记事已无法在使用范围和速度上完全满足人类传递信息的需要了，古人通过兽蹄鸟迹的规律，发明了文字，便于交流。由于文字的发明，中华历史发展中的优秀文化得以传承。中华茶文化的记载便是从此时开始的。

相传在上古的黄帝时代，神农氏尝百草并写下了记载各种草石功效的《神农本草》，又名《神农本草经》，它是我国现存最早的药学专著。《神农本草》里记载，现今的四川益州是最早的茶区之一，采摘在农历的三月初三进行。这说明茶叶在此时已被视为药饮在民间流行。中国最早的诗歌总集《诗经》收集了从西周初期至春秋中叶大约500年间的诗歌305篇，其中提到“荼”字的地方就有近十处。这里的“荼”字也许并不全部指我们现在意义上的“茶”，但其中诸如“谁谓荼苦，有甘如荠”“采荼薪樗，食我农夫”等的描述，则被学者们公认为是关于茶事的最早记载。春秋时期婴相齐景公时（公元前547—公元前490年），有记载表明人们吃脱去谷皮的粗粮饭，烤食三种禽鸟和牛、猪、狗、鸡、羊的卵部，最后“茗茶而已”，表明茶叶已作为菜肴汤料，供人食用。三国时期魏张揖著《广雅》中有“荆巴间采茶作饼，叶老者饼成，以米膏出之。欲煮茗饮，先炙令赤色，捣末置瓷器中，以汤浇覆之，用葱、姜、橘芼之”的记载，这是目前发现的最早的关于茶饼制作和泡茶方法的描述。

不难看出，这一阶段茶在生活中扮演着药饮、汤饮的角色，还仅仅局限于茶的物质属性方面。

二、晋代、南北朝茶文化的萌芽

魏晋南北朝时期，奢靡之风盛行。而茶饮具有清新、雅逸的天然特性，于是，宫廷贵族“以茶代酒”倡朴示廉，市井百姓“以茶代水”提神醒脑，文人雅士“以茶会友”品茗寄情，佛门僧侣“以茶合禅”静虑悟道。茶的精神意味得到了人们的认同，茶不仅作为一种饮品被人们接受，而且作为一种精神得到传播。

魏晋时期饮茶的地域特征明显，主要集中在长江流域，先秦两汉是在巴蜀之地发祥，三国西晋在长江中游和华中地区，东晋和南朝则在长江下游和华南。据晋常璩《华阳国志·巴志》记载：约公元前 1000 年周武王伐纣时，当时的巴国已有了人工茶园，所产的茶叶被作为“纳贡”珍品献给周王室，这是茶作为贡品的最早记述。公元前 59 年，已有“烹茶尽具”“武阳买茶”的记载，这表明在四川一带已有茶叶作为商品出现，是关于茶叶商贸活动的最早记载。东汉（25—220 年）末年、三国时代的医学家华佗在《食论》中提出了“苦荼久食，益意思”，是茶叶药理功效的第一次记述。三国（220—265 年）时期，史书《三国志》中有吴国君主孙皓“密赐茶荈以代酒”，是“以茶代酒”最早的记载。到了隋朝（581—618 年），茶的饮用逐渐开始普及，隋文帝患病，遇俗人告以烹茗草服之，果然见效。于是人们竞相采之，茶逐渐由药用演变成社交饮料，但主要还是在社会的上层群体中流行。随着文人饮茶之兴起，有关茶的诗词歌赋日渐问世，茶已经脱离作为一般形态的饮食而走入文化圈，起着一定的精神、社会作用。中华茶文化由此开始了它真正意义上的萌芽。

三、唐代茶文化的形成

唐代（618—907年）是茶作为饮料扩大普及，并从社会的上层走向全民的时期。唐太宗大历五年（770年）开始在顾渚山（今浙江长兴）建贡茶院，每年清明前兴师动众督制“顾渚紫笋”饼茶，进贡皇朝。唐德宗建中元年（780年）纳赵赞议，开始征收茶税。8世纪，中国历史上第一部真正意义上的茶典——陆羽《茶经》问世。“自从陆羽生人间，人间相学事新茶。”陆羽《茶经》的问世使茶文化发展到一个空前的高度，标志着唐代茶文化的形成。《茶经》概括了茶的自然和人文科学双重内容，探讨了饮茶艺术，把儒、道、佛三教融入饮茶中，首创中国茶道精神。之后又出现大量茶书、茶诗，有《茶述》《煎茶水记》《采茶记》《十六汤品》等。唐代是中国历史上社会经济文化空前繁荣的时代，同时也是中华茶文化真正形成和发展的朝代。

唐代饮茶之风的兴起，使得全国许多地方开始生产茶叶。根据陆羽《茶经》记载，当时的主要产茶区有42个，涉及现在的17个行政划分省份，即西北至安康，北至淮河南岸的光山，西南至云贵的西双版纳和遵义，东南至福建的建瓯等，南至岭南的两广。因各地气候不一、地理位置迥异，加上风土人情和种植方法有差异，所产出的茶叶也呈现出不同的特质。唐人在煎茶过程中，总结出了茶与水的煎煮关系，择水当选与产茶地相宜的水。故而，中国茶文化自唐代开始，饮茶讲究茶水相宜。茶与水的融合，各地风格迥异。唐人开始认识到不同水质对茶汤质量的影响，不同沸水程度对茶汤质量的影响，不同产地茶碗对茶汤汤色的影响等细节。唐人开始重视茶叶的制作方法和过程，不同的制作方法产出的茶叶，采用不同的煮饮方式。

四、宋代茶文化的兴盛

宋代茶业已有很大发展，并在唐代的基础上进一步推动了茶文化的发展，在文人中出现了专业品茶社团，有官员组成的“汤社”、佛教徒的“千人社”等 。宋太祖赵匡胤是一位嗜茶之士，在宫廷中设立茶事机关，宫廷用茶已分等级。茶仪已成礼制，赐茶已成皇帝笼络大臣、眷怀亲族的重要手段，还赐给国外使节。至于普通百姓，茶文化更是生机盎然，有人迁徙，邻里要“献茶”；有客来，要敬“元宝茶”；订婚时，要“下茶”；结婚时，要“定茶”；同房时，要“合茶”。民间斗茶风起，带来了采制烹点的一系列变化。宋太宗太平兴国年间（976 年）开始在建安（今福建建瓯）设宫焙，专造北苑贡茶，从此龙凤团茶有了很大发展。宋徽宗赵佶在大观元年间（1107 年）亲著《大观茶论》一书，以帝王之尊，倡导茶学，弘扬茶文化。宋代创立了点茶法，斗茶之风盛行，由此产生了茶文化精粹——分茶。由于皇帝和文人对点茶、分茶和斗茶的推崇，贡茶的产生，极大地提高了茶叶和茶具质量。由于茶马贸易的旺盛，宋代开始，朝廷设茶马司，专门负责以茶叶交换周边各少数民族马匹的工作。由于马匹是重要的战备物资，设置茶马司便于朝廷控制各少数民族地区，同时，茶马贸易也促进了对少数民族的文化推广，特别是茶文化的推广，并由此逐步产生了专供少数民族地区的茶叶——黑茶（边茶）。由此，中华茶文化进入了兴盛时期。

五、明、清茶文化的普及

中国古代茶文化的发展史上，元、明、清也是一个重要阶段，茶叶的生产量和消费量逐渐扩大，饮茶技艺的水平、特色逐步提升，呈现多样化，散发着令人陶醉的文化魅力。宋代，大小城市茶馆、茶楼的兴起使得茶文化更加深入普通大众的生活，各种茶文化不仅继续在宫廷、宗教、文人、士大夫等阶层中延续和发展，茶文化的精神也进一步植根于广大民众之间，不同地区、不同民族有极为丰富的“茶民俗”。明、清茶人继承了唐、宋茶人饮茶修道的思想。泡茶法大约始于中唐，南宋末至明朝初年，泡茶多用末茶。明初以后，泡茶用叶茶，流行至今。

明、清时期，茶叶的生产和加工方式日渐多样化，出现蒸青、炒青、烘青等各茶类，茶的饮用已改成“撮泡法”，明代不少文人雅士留有传世之作，如唐伯虎的《烹茶画卷》《品茶图》，文徵明的《惠山茶会记》《陆羽烹茶图》《品茶图》等。茶类的增多，泡茶的技艺有别，茶具的款式、质地、花纹千姿百态。晚明时期，文人雅士们对品饮之境又有了新的突破，讲究“至精至美”之境。此时的茶叶已经进入寻常百姓家，成为人们日常生活中不可或缺的一种要素。

六、现代茶文化的发展

新中国成立后，我国茶叶生产得到了快速发展，2013 年全国干毛茶的产量已经达到了 189 万吨，茶叶总产值突破 1000 亿元人民币。茶物质财富的大量增加为我国茶文化的发展奠定了坚实的基础。随着茶文化的兴起，各地茶艺馆越办越多。各种形式的国内、国际茶文化研讨会频繁展开，吸引了世界各地的茶叶厂商和茶文化研究人员参加。各省、各市及主产茶县纷纷主办“茶叶节”，如福建武夷市的岩茶节、云南的普洱茶节、湖北英山及河南信阳的茶叶节等不胜枚举，以茶为载体，形式多样的活动，促进了各地经济贸易的发展，同时也进一步扩大了中华茶文化的影响。

时值金秋，丹桂飘香，正是品茶的好时候。所谓好茶还需细品，回想近 30 年对中国茶文化的收集和研究过程，各种生活志趣和人生滋味，尽在其中。无论红、绿、白、黑、黄或青，喝出生活味道的茶，皆为好茶。茶成为文化，经过了历史的沉淀和大众的传播。作为文化工作者，我和一群志同道合的中华茶文化爱好者，结合各自的工作，努力地向外国人传播着这一种物色突出的茶文化。作为民间的茶文化个体传播者，我们阅读分析了近 20 年中国出版的与茶文化有关的海量书籍，它们或细谈茶历史，或趣说茶文化，或详道茶之俗，或闲话茶之事，或漫话茶与养生，或把玩茶之器具，或译解茶之经典，然而大部分的书籍缺乏系统性，尤其是缺少针对外国人系统宣传介绍中华茶文化的书籍。10年前，我在英国工作期间有机会接触到英国的茶艺。众所周知，英国本土并不生产茶叶，而“英伦下午茶”却成了举世闻名的茶艺经典。这与英国人对茶文化的研究和英国茶艺的推广是密不可分的。随着中国经济的快速发展，中国已经全方位地走向了世界，中华文化的对外推广已是大势所趋，时不我待。作为中华文化组成部分的中华茶文化的宣传推广自然也就水到渠成了。

本着这样一种想法，我们编写了本套茶文化丛书。丛书共有七本，分别为《茶之类》《茶之水》《茶之器》《茶之典》《茶之艺》《茶之养》和《茶之道》，以期对中华茶文化进行一次全方位的梳理，同时也希望为对中华茶文化有兴趣的外国朋友提供一个全面了解中华茶文化的途径。我们力求从便于茶文化传承的角度，系统收编整理天下千差万别的各类茗茶，结合中国文化中“天地人和”的特点，介绍中国广袤大地上的宜茶之水。纵观历史，挖掘出中国摆器赏茶的道具，品析茶自孕育萌芽伊始的典故，与读者一起观外形、赏汤色、闻香气、品茗滋，享受中国茶文化带来的丰富营养，涤心神，悟人生。

由于编者不是茶文化的专业研究人员，丛书主要从日常生活中易于茶文化传播的角度编写，因此难免有考虑不周的地方，在此恳请专业人士予以批评指正。

黄小勇

2015年7月

前言

茶圣陆羽在《茶经》中说："茶之为饮，发乎神农氏，闻乎鲁周公。"中国人饮茶已有数千年的历史。唐代大医学家陈藏器在《本草拾遗》中称："诸药为各病之药，惟茶为万病之药。"茶的营养与保健作用，历来为中国人所重视。如今，一方面，人类生存的环境越来越恶化；另一方面，随着物质生活的富足，人们对健康保健的意识也不断增强。开门七件事，柴、米、油、盐、酱、醋、茶。茶是中国人日常生活中最为基础的一部分。当前，国家大力倡导弘扬优秀传统文化，而作为中华传统文化重要组成部分的茶文化，必将进一步得到重视和发展。茶对于中国人物质和精神活动的影响，也必将会随着中华传统文化的弘扬而得到进一步的增强。

本书从茶的营养价值与药理特性入手，讨论了古代人和现代人对茶的功效的认识。饮茶有延年益寿、美容减肥、杀菌消毒等诸多益处，本书不仅对其进行了详细论述，还探讨了各类茶的功效，并对饮茶过程中的误区、禁忌及如何科学地饮茶作了详细说明。中国自古以来就有以茶入食的习惯，本书还介绍了茶菜肴、茶主食、茶零食和茶饮料等茶食品及其健康保健作用。

本书所用图片，部分为作者拍摄，部分为武汉羽桐文化会馆提供；其余来源广泛；如涉及图片使用相关问题，请图片版权所有者与出版社联系。

在本书的编写过程中，我们得到了茶业界及其他各界许多朋友的关心和支持，在本书出版之际，谨致以衷心的感谢。书中的疏漏和不足之处，敬请广大读者批评指正。

编　者

2015 年 7 月

目录

第一章

茶的营养价值与药理特性

自从华夏民族五千年前发现茶的解毒作用，并从此开始利用茶树资源以来，茶的药用和食用就一直交织在一起。

从现有最早关于茶利用的历史记载看，茶的最早利用为药用，但从另外一些历史记载及中医考古发现，“药食同源”的情况应当也存在于茶树利用的历史上。在很长一段历史时期内，茶的药用和食用是并重的，后来才发展到以茶作饮料为主。

对于茶的药用方式，人类最早是把鲜茶叶直接当作药来食用的，后来慢慢有了对鲜茶叶的初步加工和储藏。另外，从单一的以茶做药治病，发展到了一系列丰富多彩的含茶中药配方，创造了无数茶疗药方。服用方法也从直接食用鲜茶叶，发展到煮饮，进而到包括研末外敷、药枕等多种应用方式，并创造了茶疗、茶膳等一系列以茶为主的医疗和保健形式。本章主要讨论古代人对茶的功效的认识和茶的传统用法，以及茶的营养成分和现代人对茶的功效的认识。

第一节　茶的营养价值

茶叶，为山茶科植物茶的芽叶。茶叶分为红茶、黄茶、绿茶、白茶、青茶和黑茶六大类。茶叶主要成分有单宁酸、咖啡因、蛋白质、芳香油、酵素、果胶质、维生素、碳水化合物、矿物质、有机酸等。新鲜的茶叶含有 75% ～ 80% 的水及 20% ～ 25% 的干物质。

现代科学研究证明，茶叶内含化合物多达 500 种左右。这些化合物中有些是人体所必需的成分，称为营养成分。如维生素类、蛋白质、氨基酸、类脂类、糖类及矿物质元素等，它们对人体有较高的营养价值。还有一部分化合物是对人体有保健和药效作用的成分，称为有药用价值的成分。如茶多酚、咖啡因、脂多糖等。本书在讨论茶的营养价值时，综合了茶的营养成分与药用价值成分。

越来越多的科学研究资料表明了茶叶的营养价值及保健作用，如抗癌、降血脂、减肥、预防心血管疾病、抵抗辐射、抗氧化、延缓衰老、增进精神健康、助消化、护齿、护肤等。据测定，茶叶干物质中主要成分是蛋白质、氨基酸、生物碱、茶多酚、碳水化合物、矿物质、维生素、天然色素、脂肪酸等。在茶叶的干物质中，各种蛋白质占 20% ～ 30%，各种氨基酸占 1% ～ 5%，生物碱占 3% ～ 5%，茶多酚占 20% ～ 35%，碳水化合物占 35% ～ 40% ，脂类化合物占 4% ～ 7%，有机酸占 3%，矿物质占 4% ～ 7%，维生素占 0.6% ～ 1.0%。这些营养物质对人体的健康起着重要的作用。

第二节　古代对茶的功效的认识及茶的传统用法

中国是茶的故乡，是最早栽种和使用茶的国家，关于茶的记载最早可见于《神农本草经》。书中写道："神农尝百草，一日遇七十二毒，以荼而解之。"文中的"荼"是人们当时对茶的称呼。茶在早期是入药用的，后来才逐渐发展成一种饮品。茶，一可解毒，二可健体，三可养生，四能清心，五能修身。《本草纲目》中对茶也有"药用"的记载。唐末刘贞亮在《茶十德》一文中提出饮茶十德 ："以茶散郁气；以茶驱睡气；以茶养生气；以茶除病气；以茶利礼仁；以茶表敬意；以茶尝滋味；以茶养身体；以茶可行道；以茶可雅志。"这集中体现了茶对于古人身心调节的重要作用。

一、茶为万病之药

茶已被公认是最好的保健饮料。人们长期的饮茶实践充分证明，饮茶不仅能增进营养，还能预防疾病。因为茶叶有很好的医疗效用，所以唐代即有“茶药”（见代宗大历十四年王圆题写的“茶药”）一词；宋代林洪撰的《山家清供》中，也有“茶，即药也”的论断。可见，茶就是药，并为药书所收载。但近代的习惯，“茶药”一词则仅限于药方中含有茶叶的制剂。

茶叶有很多的功效，可以防治内外妇儿各科的很多病症。因此，茶不但是药，而且如同唐代开元年间医学家、药物学家、方剂学家陈藏器所强调的那样：“茶为万病之药。”明代文学家、诗人于慎行在《谷山笔尘》中也称茶能“疗百病皆瘥”。茶不但能治疗多科疾病，而且有良好的延年益寿、抗老强身的作用。

1983年，林乾良氏又提出“茶疗”一词。茶疗的实施，有两个层次的概念。狭义的茶疗即第一层次的概念，仅指应用茶叶，未加任何中西药。这是茶疗的基石与主体。没有这一基石与主体，茶疗就不能成立。因为茶叶在传统应用上，其功效已有二十四项之多，所以仅是茶叶一味也足以构成茶疗体系。

茶疗第二层次的概念，就是广义上的茶疗，即可在茶叶外酌加适量的中、西药物，构成一个复方来应用。当然，也包括某些方中无茶，但在煎服法中规定用茶汤送下的复方。这实际上是茶、药并服。

二、茶方与制剂

有关茶的方剂与制剂，从古至今有很多文献资料。茶方应包括如下两大类：含有茶叶的茶方与“非茶之茶方”。此处，只介绍含有茶叶的茶方与制剂。

方，法也；剂，齐也，也就是配合与调和的意思。所以，中医的方剂就是研究如何配伍、处方与制剂的学问。方剂是中医药理论体系中的一个重要组成部分，是“理、法、方、药”四大环节之一。

方剂，有许多种类，自古就有“七方”“十剂”之别。但其最重要的两类，则属“单方”与“复方”。

单方，即只由一种药组成的方剂；复方，则是由两种以上药组成的方剂，多者可达数十种。下面茶的二十四功效中所述主治病症，一般仅用茶叶一味即可生效，故在一定意义上讲属于茶方中的单方，其附方多配伍其他药

物，故属于复方。此处将对茶复方的一般知识，及兼有多种功效而难于纳入茶的二十四功效中某一项者，作一简略的介绍。

茶的药用复方，从制备与服用法上分析也有许多类型，这就是中药的“制剂”。研成细末服用者，称“散剂”；水煎后服用者，称“汤剂”；制备为成药者，一般称“药茶”。从方剂组成上说，有些方剂组成中有茶；另一些是方中无茶，但在煎服时必须用茶汤送服。

三、茶的二十四功效

关于茶的传统用法的功效，不但在历代茶、医、药三类文献中多有述及，而且在经史子集中也散见不少，近人的文章也每有论之。

我国学者根据500种左右的有关资料（绝大多数是古代文献，个别是近人之作），将其中有茶叶医疗效用的内容总结成茶的传统功效二十四项。有关文献粗略统计共计92种，在此不详述。

应当指出，在中药文献中有两种叙述方式：一种是从功效而言，偏于“药”这方面；另一种是从所治的疾病或症状而言（中医多用“证”来概括），偏于“病”这方面。后者，多用“主治”这两个字引出。例如关节疼痛，中医属“痹证”，认为是风湿外袭所致，从功效而言就是“祛风湿”，从主治而言就是“主（或治、疗，意同）痹痛”。茶的二十四功效，都有这两种类型的内容，比例不定。同一种功效，每书的用词多有衍变，为文字上的同义词一类。这二十四功效，单用茶叶一味即有效。为加强疗效，还可复方应用。有关方剂，即附于该功效之后。这就是大型“本草”文献中的“附方”体例。

（一）少睡

从功效而言者，共27条。称“令人少睡”者有《神农食经》《新修本草》《千金翼方》和《本草经疏》；称“令人少眠”者有《博物志》和《三才图会》；称“令人少寐”者有《本经逢原》；称“令人不寐”者有《调燮类编》；称“不寐”者有《续博物志》；称“令不眠”者有《古今合璧事类备要外集》；称“不睡”者有《本草拾遗》和《本草纲目》；称“少睡”者有《茶谱》（毛氏）、《茶经》（张氏）和《饮膳正要》；称“睡少”者有《老老恒言》；称“醒睡眠”者有《本草图解》；称“醒睡”者有《随息居饮食谱》和《中国药学大辞典》；称“破睡”者有白居易诗与《茶寮记》；称“不昏”者有《本草纲目》；称“兴奋神经”者有《中国药学大辞典》。中医理论认为“心主神明”，故“令人少睡”现代有“提神”之称，属于神经兴奋的结果。

从主治而言者，共计3条。称“除好睡”者有《食疗本草》；称“治中风昏愦、多睡不醒”者有《汤液本草》；称“治神疲多眠”者有《药材学》。所以，茶叶的“令人少睡”功效，除对生理、病理的嗜睡有良好的清醒疗效外，还可用于治疗由疾病所引起的昏迷、昏愦等。《中国医学大辞典》中，记有一则治“痰热昏睡方”，即用茶叶同川芎、葱白，加适量水煎服。

关于茶的少睡功效，在古代文人的诗文中每有论及。例如，明代陆树声《茶寮记》称茶：“除烦雪滞，涤醒破睡。谭（即谈的古体）渴书倦，此时勋策。”唐代郑遨《茶诗》：“最是堪珍重，能令睡思清。”吕岩《大雪山下》：“断送睡魔离几席，增添正仰茶料理，急遣溪童破玉尘。”陆游《昼卧闻碾茶》：“玉川七碗河须尔，铜碾声中睡已无。”等等。

（二）安神

从功效而言者，共21条。称“清心神”者有《随息居饮食谱》；称“清神”者有《饮膳正要》《本草纲目拾遗》和《中国医学大辞典》；称“除烦”者有《东坡杂记》《茶谱》（钱氏）、《本草纲目拾遗》《随息居饮食谱》和《瓯江逸志》；称“涤烦”者有《茶经》《唐国史补》和刘禹锡《代武中丞谢新茶》。中医理论认为“心主神明”，因心火旺盛或心气虚则“阳浮于外”，遂出现烦、闷等症状；严重者，惊、厥、癫等也会发生。又，神不安于宅，则意乱、健忘，故称“悦志”者有《神农食经》和《千金方》；称“久食益意思”者有《华佗食论》；称“益思”者有《茶谱》（毛氏）和《茶经》（张氏）；称“能诵无忘”者有《述异记》；称“使人神思矍爽”者有《本草纲目》；称“破孤闷”者有唐代卢仝诗；称“醒神思”者有《调燮类编》。

从主治而言者，称“体中烦闷”（一作“愦闷”）者，见于晋代刘琨《与兄子南兖州刺史演书》与唐代温庭筠《采茶录》，仅此2条。

古代诗文中，亦多论及茶的安神功效。例如，宋代赵佶《大观茶论》："祛襟涤滞，致清导和。"宋代苏轼《寄周字孺茶》："意爽飘若仙，头轻快如沐。"宋代沈辽《谢德相惠新茶》："一泛舌已润，载啜心更惬，不唯豁神观，亦足畅烦。"明代许次纾《茶疏》："常饮则心肺清凉，烦郁顿释。"等等。

茶的安神方剂，有以下 4 种。

《圣济总录》姜茶散方："治霍乱后烦躁、卧不安，干姜（炮为末）二钱七，好茶末一钱七，上二味，以水一盏，先煎茶末令熟，即调干姜末服之。"

《周益生家宝方》："治羊癫风，经霜老茶叶一两，为末，用生明矾五钱为细末，水泛丸，朱砂作衣。每服三钱，白滚汤送下。"

《摘玄方》："风痰癫疾，茶芽、栀子各一两，煎浓汁一碗，服良久，探吐"。

《孺子方》："疗小儿无故惊厥，以苦茶、葱须煮服之。"

（三）明目

茶的明目功效，自古以来就为人乐道，故多从功效而言。称“明目”者有《本草拾遗》《茶经》（张氏）、《调燮类编》《茶谱》（毛氏）和《随息居饮食谱》；称“清于目”者有《食物本草会纂》。

从主治而言者，共有2条。称治“目涩”者有《茶经》；经疗“火伤目疾”者有《本草求真》。另外，在下文“清头目”中，还有数条与明目有关。

明目药茶方的数量很多，以几部眼科名著而论，《银海指南》有3方，《医宗金鉴·眼科心法》有24方，《银海精微》有32方，《审视瑶函》有36方。以上四部书即有95方之多。从应用方法看，绝大多数是用茶汤送下丸散。

现举几例如下。

《银海指南》：补肝散，治肝虚畏光，流泪，用蜡茶调服。

《医宗金鉴·眼科心法》：还睛丸，治绿风内障，用茶清送下；护睛丸，治胎患内障，空心茶清送下；涩瞖还睛散，治眼生涩瞖，用细茶入药煎；止痛没药散，治血灌瞳神，食后热茶清灌下。

《银海精微》：神清散，治眼生瞖膜，食后清茶送下；肝连丸，治肝虚眼痛，茶汁送下；菊花散，治眼部流泪，用茶汁送服。

《审视瑶函》：救睛丸，治青盲，食后茶清送下；石决明散，治白内障，用茶清调下；滋阴地黄丸，治少血劳神，眼目昏暗，食后茶汤送下；消凝大丸子，治目中瘀血，用茶汤嚼下。

当然，明目方中用茶也并非仅限于送服，有些方剂的处方中即有茶。例如，《沈氏尊生方》中的“蜡茶饮”“治目中赤脉，芽茶、白芷、附子各一钱，细辛、防风、羌活、荆芥、川芎各五分，加盐少许，清水煎服”。又如《眼产要览》，治“烂眼皮：甘石、黄连、雨前茶共研极细，点”。

（四）清头目

从功效而言者仅“清头目”一项，有《汤液本草》《本草图解》《本经逢原》《中国医学大辞典》和《中药大辞典》。比较具体的内容，见于从主治而言的部分。称“头目不清”者仅有《本草求真》；其余均与头痛有关。有关清头目的方剂，亦多与头痛有关。称“治头痛”者有《茶谱》（毛氏）；称“理头痛”者有《古今合璧事类备要外集》；称治“脑疼”者有《茶经》；称“俞头风”者有《岭外代答》；称治“头痛目昏”者有《药材学》。

茶叶治头目不清，特别是头痛的方剂，历代方书多有记载，如“合芎蒡、葱白煎饮，止头痛”，见于《日用本草》。该方在《中国医学大辞典》中也有引用，特称可治“热毒头痛”，恐未当。

除了前述川芎茶调散系列可治头痛以外，还有以下诸方。

《医方大成》方：“治气虚头痛，用上春茶末调成膏，置瓦盏内复转，以巴豆四十粒作二次烧烟熏之。晒干，乳细，每服一字。别入好茶末，食后煎服，立效。”

《医方集论》方：“治偏正好风，升麻六钱，生地五钱，雨前茶四钱，黄芩、黄连各一钱，水煎服。”

《千金要方》：“治卒头痛如破，非中冷又非中风，是痛是膈中痰厥气上冲所致，名为厥头痛，吐之即差。单煮茗作饮二三升许，适冷暖，饮二升，须臾即吐；叶毕又饮，如此数过；剧者，须吐胆乃止，不损人而渴则差。”

《本草纲目》方：“气虚头痛，用上春茶末调成膏，置瓦盏内复转，以巴豆四十粒作两次烧烟熏之，晒干乳细，每服一字。别入好茶末，食后煎服，立效。”

（五）止渴生津

从功效言者，共12条，称“止渴”者有《茶经》（张氏）、《调羹类编》《神农食经》《本草拾遗》《茶谱》（毛氏）、《饮膳正要》和《中国医学大辞典》；称“疗渴”者有《唐国史补》；称“解渴”者有《随息居饮食谱》；称“止渴生津液”者有《食物本草会纂》；称“清胃生津”者有《本草纲目拾遗》；称“润喉”者有卢仝诗。

从主治而言者，共9条。称“热渴”者有《千金翼方》《新修本草》《在三图会》；称“烦渴”者有《药材学》《中药大辞典》；称“作渴”者有《本草经疏》；称“消渴不止”者有《本草求真》；称“渴喜一碗绿昌明”者有白居易诗。

（六）清热

从功效而言者，共8条。称“清热解毒”者有《本草求真》；称“清热降火”者有《中国药学大辞典》；称“降火”者有《本经逢原》；称“去热”者有《食疗本草》；称“涤热”者有《随息居饮食谱》；称“泻热”者有《中国医学大辞典》；称“破热气”者有《本草拾遗》；称“清热不伤阴”者有蒲辅周用药经验。

从主治而言者，共2条。称“疗热证最效”者有《台湾使槎录》；称“可除胃热之病”者有《广阳杂记》。

关于茶叶的清热功效，可从茶的性味上看。上文曾述及，茶的药性是“寒”。据中医理论“寒可清热”“疗热以寒药”，故茶可以清热。热证的范围与衍变最广，暑证与热毒亦属于热，故又可与下文消暑、解毒合参。

关于茶的清热方剂，可以《太平圣惠方》的《药茶诸方》（卷97）为例。诸章共列有药茶方与非茶之药茶方各4种。其药茶的4方中，有3方治热证，即“治伤寒头痛、壮热葱豉茶方”“治伤寒头痛、烦热石膏茶方”与“治伤寒鼻寒、头痛、烦躁薄荷茶方”。3方中所用药物，除方名中的葱白、豆豉、石膏与薄荷以外，尚有荆芥、栀子、生姜、麻黄等。

（七）消暑

茶既可清热，又可止渴生津，故亦兼消暑、解暑之功用。古代文献言及此者不多。从功效上说，仅《仁斋直指方》与《本草图解》两条称“消暑”；从主治上说，也仅2条，即《本草别说》的“治伤署”与《台游日记》的“可疗暑疾”。

（八）解毒

中医药书籍的“毒”，从病证而言，以“热毒”占重要位置。所以从药治而言多称“清热解毒”。此外，咽喉、皮肤诸瘟等，亦多与热毒有关，今亦附此。

茶的解毒功效，文献上所见共有7条。从功效而言者，有《本草求真》称“清热解毒”；《中药大辞典》称“解毒”；《本草逢原》称“辟”“解诸中毒”；皮日休《茶中杂咏序》称“除而去疠”；《岭南杂记》称“利咽喉之疾”。

现将茶的解毒方剂附数则如下。

《简便方》载：“解诸中毒，芽茶、白矾等分，研末，冷水调下。”

《万氏家抄方》茶柏散方：“治诸般喉证，细茶三钱（清明前者佳），黄柏三钱，薄荷叶三钱，硼砂（煅）二钱，上各研极细，取净末和匀加冰片三分吹之。”

《保和堂秘方》载："诸毒，努力不退，硫黄研细末敷上即退。再用收口药，烂茶叶五钱，乌梅三个烧灰，共为末，再敷上即消。"

（九）消食

茶的消食功效，从主治而言者，仅"食积不比" 1 条，见于《本草求真》；而从功效而言者则有 19 条之多。称"消食"者最多，计有《茶经》（张氏）、《调燮类编》《茶谱》（毛氏）、《饮膳正要》《本草经疏》《本草图解》《本草纲目拾遗》《本经逢原》《中国药学大辞典》《中国医学大辞典》和《中药大辞典》。称"消突食"者有《新修本草》《食疗本草》和《瓯江逸志》；称"消饮食"者有《古今合璧事类备要外集》；称"消积食"者有《三才图会》《黎岐纪闻》和《瓯江逸志》；称"消腥肉之食，解青稞之热"者有《滴露漫录》；称"解除食积"者有《本草纲目拾遗》和《广东新语》；称"解酒食之毒"者有《仁斋直指方》和《本草纲目》。称"去胀满"者有《黎岐纪闻》；称"去滞而化食"者有《山家清供》；称"去积滞秽恶"

者有《食物本草会纂》；称“养脾，食饱最宜”者有《聪训斋语》；称“芳香微甘，有醒胃养脾之妙”者有蒲辅周用药经验；称“甚有助胃力”者有《一研斋日记》。

关于茶的消食功效的附方也不少，如《串雅补》中治虫积、虫胀方：“茶叶五钱，青盐一钱，洋糖、雷丸各三钱为末，将上盐、糖煎好后，入三味调匀，每服三钱，白汤送下。”

关于临床特异的验例，莫过于《医方集论》上所载的一例：“人肚（腹）胀，不思饮食，用五虎汤治之；核桃、川芎、紫苏、雨前茶，以上药行煎，好时加老姜、砂糖在汤内，即服。”

（十）醒酒

从功效而言者，共计6条。称“醒酒”者有《广雅》《采茶录》《本草纲目拾遗》和《瓯江逸志》；称“解酒”者有《仁斋直指方》；称“解醒”者有《续茶经》。

从主治言者，共计5条。称治“酒毒”者有《本草图解》和《药材学》；称“醉饱后饮数杯最宜”者有《仁斋直指方》和《本草纲目》。

文人每兼好茶与酒，故唐宋诗中多言及茶的醒酒功效。例如，白居易《萧员外寄新蜀茶》：“满瓯似乳堪持玩，况是春深酒醉人。”徐铉《和门下殷待郎新茶》：“解喝消残酒，清神感夜眠。”陆游《谢王彦光提引送茶》：“遥想解醒须底物，隆兴第一壑源春。”

（十一）去肥腻

茶的去肥腻功效，自古受到人们的推崇。若从文献上看，全部均就功效而言，未有主治立条者。称“去肥腻”者有《檐曝日记》；称“饭后饮之可解肥浓”者有《老老恒言》；称“去腻”者有《东坡杂记》《茶谱》（钱氏）和《茶经》（张氏）；称“解油腻、牛羊毒”者有《本草纲目拾遗》；称“去人脂”者有《本草拾遗》和《食物本草》；称“解荤腥”者有《饭有十二合说》；称“去腥腻“者有《瓯江逸志》；称“解炙18毒”者有《食物本草》和《本草图解》；梅尧臣《答宣城张主簿遗鸦山茶》称“尝闻茗消肉，应亦可破瘕”。

去肥腻，自然可以避免肥胖，与近代的“减肥”相类似。《本草拾遗》称之为：“久食令人瘦。”中医药有关去腻减肥、去脂转瘦的作用，尚未受人重视。古本草常有“轻身”“换骨”“延年”之说，其实，也是去腻减肥之意。

关于茶的去肥腻功效，《秋打丛话》载有一则十分生动的验例：“北贾某，贸易江南，善食猪首，兼数人之量。有精于岐黄者见之，问其仆，曰：每餐如是，已十有余年矣。医者曰：病将作，凡药不能治也。俟其归，尾之北上，居为奇货。久之，无恙。复细询前仆，曰：主人食后，必满饮松萝茶数瓯。医爽然曰：此毒唯松萝茶可解，怅然面返。”

（十二）下气

茶的“下气”功效，在文献中论及者共有12条之多。称“下气”者有《新修本草》《食疗本草》《三才图会》《本草经疏》《饮善正要》《本草图解》《本草纲目拾遗》和《中国医学大辞典》。“下气”一词，鉴于鑫与消食相连，自属与消胀、降逆、止暖呃有关；如广其义，则可泛及下文之通利大、小便。

此外，称“通利肠胃”者有《竺国纪游》；称“消胀”者有《续茶经》；称“消膨胀”者有《本草纲目拾遗》；称“开郁利气”者有《要经逢原》。

关于茶的下气功效，有关方剂如《串雅补》：“治虫积、虫胀，茶叶五钱，青盐一钱，洋糖、三棱、雷丸各三钱，为末。将上盐、糖煎好后，入三味调匀，每服三钱，白汤送下。”

不但茶叶有下气的功效，而且茶籽也有。《本草纲目》载：“上气喘急，时有咳嗽，茶籽、百合等分，为末，蜜丸梧子大，每服七丸。”又载治喘嗽：“不拘大人、小儿，用糯米泔少许磨茶籽，滴入鼻中，令吸入口服之。”

（十三）利水

从主治而言者仅《圣济总录》称治“小便不通”与《药材学》称治“小便不利”。而从功效而言者占绝大多数。称“利水”者有《本草拾遗》和《本草求真》；称“利水道”者有《茶谱》（毛氏）和《茶经》（张氏）；称“利尿”者有《中药大辞典》和《中国药学大辞典》；称“利小便”者有《神农食经》《新修本草》《千金翼方》《饮膳正要》和《三才图会》。此外，以下文“利大小肠”等尚有3条，如《圣济总录》海金砂散方：“治小便不通，脐下满闷，海金砂一两，蜡茶半两，上二味捣罗为散，每服三钱。煎生姜、甘草汤调下不拘时。未通，再服。”《验方新编》：“治尿不通，茶清一瓶，入砂糖少许，露一夜服。”综上所述，共计16条。

（十四）通便

从主治而言者仅《本草求真》1条，称“二便不利”，其余均从功效而言。称“利大肠”者有《食疗本草》；称“刮肠通泄”者有《本草纲目拾遗》；称“利大小肠”者有《本草拾遗》；称“利二便，通大小肠”者有《中国医学大辞典》。

《郭中妇人方》载：治“产后秘塞，以葱调蜡茶末，丸百丸，茶服，自通，不可用在黄利药”。

《慈惠小编》载：“治产后便秘，用松萝茶叶三钱，米白糖半盅，先煎开，入水碗半，用茶叶煎至一碗服之，即通。”

（十五）治痢

从功效而言者，仅《本经逢源》一家，称“止痢”，其余均从主治而言。称“姜茶治痢，不问赤白冷热，用之皆宜”者有《仁斋直指方》；称“合醋治世痢甚效”者有《本草别说》；称“治热毒赤白痢”者有《日用本草》；称“同姜治痢”者有《本草图解》；称治“血痢”者有《本草求真》。

绿茶治痢，在民间与中西医学界均有盛名，单方已可取效。复方配伍方面，较多的是与生姜同用。《本草图解》与《日用本草》均有茶“同姜治痢”的记载，《仁斋直指方》并强调指出：“姜茶治痢……先姜细切，与真茶等分，新水浓煎服之。”《上医本草》亦载：“赤白冷热痢，生姜细切，与真茶等分新水浓煎服之，甚效。”

《食疗本草》方：“治热毒下痢，好茶一斤，炙，捣末，浓煎一二盏服。久患痢者，亦宜服。”

《圣济总录》方：“治血痢，盐水梅（除核研）一枚，合蜡茶加醋汤沃服之。”

《普济方》：“大便不利清血，脐腹作痛，里急后重，及酒毒一切下血并皆治之，用细茶半斤碾末，川百药煎五个烧存性，每服五钱，米饮下，日二服。”

《本草别说》方：“合醋治泻痢甚效。”

《慈惠小编》方：“治五色痢，陈年年糕，陈雨前茶，冰糖，茉莉花，共煎药一碗，服之立愈。”

《凤联堂秘方》载：治“远年痢疾，用雨前茶合臭椿皮、扁柏叶、乌梅、枣仁适量，水煎服”。

关于茶叶治痢的验例，据宋代《仁斋直指方》载：“苏东坡以此治文潞公有效。”近代的临床报告中，亦多有之，且多指明是用绿茶。

（十六）去痰

去痰，今作祛痰。茶的去痰功效在文献中，总计 20 条，是以从功效而言者为主，占 18 条之多。称“去痰”者有《千金翼方》《新修本草》和《三方图会》；称“除痰”者有《本草拾遗》《茶经》（张氏）和《茶谱》（毛氏）；称“解痰”者有《食疗本草》；称“逐痰”者有《本草纲目拾遗》；称“化痰”者有《本草纲目拾遗》和《中药在辞典》；称“消痰”者有《本经逢原》。称“去痰热”者有《神农食经》和《饮膳正要》；称“吐风热痰涎”者有《神农食经》和《饮膳正要》；称“吐风热痰涎”者有《本草纲目》；称“凉肝胆涤热消痰”者有《随息居饮食谱》；称 “入肺清痰”者有《本草求真》；称“涤痰清肺”者有《本草纲目拾遗》；称“去寒澼”者有《本草纲目拾遗》。

从主治而言者仅有2条，称“痰涎不消”者有《本草求真》；称“痰热昏睡”者有《中国医学大辞典》。

方剂方面，以《瑞竹堂经验方》所记一则最佳：“痰咳，喉声如锯，不能睡卧，好茶末一两、白僵蚕一两为末，放碗内，倾沸汤一小盏，用盏盖定，临卧温服。又米白糖一斤，猪板油四两，雨前茶二两，水四碗。先将茶煎至二碗半，再将板油膜切碎，连苦茶、米糖同下，熬化听用。白滚汤冲数匙服之，消痰止渴。”

（十七）祛风解表

中医理论认为：风邪外袭于“肌表”，遂出现“表证”。治疗的方法为“解表”，盖解散外邪、解除表证的意思，属于“八法”中的“汗法”。风邪极其多变，从外感言又可兼夹不同的外邪，如风寒、风热、风湿。风寒湿三气杂至，又多侵袭关节、筋骨，出现痹痛。茶叶与上述有关的功效，共有8条。

从功效而言者有6条：称“轻汗发面肌骨清”者有《本草纲目》；称“发轻汗，肌骨清”者有卢仝诗；称“疗风”者有《茶谱》（毛氏）；称“祛风湿”者有《本草纲目拾遗》和《广东新语》；称“辛开不伤阴”者见蒲辅周用药经验。

从主治而言者仅2条：称“小儿痉疹不出用之神效”者有《片刻余闲集》；称“四肢烦，百节不舒”者有《茶经》。

茶的祛风解表方剂，共有如下4则。

《食疗本草》方：“茶治……腰痛难转，煎茶五舍，投醋二合，炖服。”

《本草品汇精要》载：用茶“水煎，合醋疗腰痛”。

《医药指南》（韦氏）载：“治肩背筋肉痛，槐子、核桃肉、细茶叶，芝麻各五钱，入磁罐内，水二碗，熬一半，热服，神效。”

《医药指南》（周氏）载：“治外邪在表，无汗而喘者，麻黄、杏仁（去皮尖）各三钱，石膏五钱，甘草一钱，细茶一撮，谓之一虎汤。”

（十八）坚齿

关于茶叶的坚齿功效，近代有很多论述，一般均认为与茶所含的氟有关。古代的文献论及坚齿用茶者，共4条，均从功效言。称“坚齿已蠹”者有《茶谱》（钱氏）；称“漱茶则牙齿固利”者有《敬斋古今注》。《东坡杂记》称：“每食已，辄以浓茶漱口，烦腻既去而脾胃自不知。凡肉之在齿间者，得茶浸漱之，乃消缩，不觉脱去，不烦刺挑也，而齿便漱濯，缘此渐坚密，蠹毒自已。”《饭有十二合说》称：“涤齿颊。”

（十九）治心痛

心痛，是中医治疗的常见病。一般中医说的心痛大多是指心下部位，从解剖学来说应该是以胃与十二指肠的疾患为主。真正的心脏疾患引起的心痛，应该称之为真心痛或厥心痛。以下两张治疗心痛的药茶方，也和以上情况一致。茶的治心痛，共有三书记载，均从主治而言。

《兵部手集方》：“久年心痛，十年五年者，煎湖茶，以头醋和匀服之良。”《上医本草》所载，大约相仿。

《瑞竹堂经验方》应痛丸方：“治急心气痛不可忍者，好茶末四两，楝乳香一两，为细末，用醋同兔血和丸如鸡头大。每服一丸，温醋送下。”

此外，近代赣、闽、江、浙等地每用老茶树根治疗冠状动脉硬化性心脏病、心律不齐、齐心衰竭、肺原性心脏病等疾患，颇具良效。

（二十）疗疮治瘘

茶叶对于各种疮、瘘具有良好的疗效，内服、外用均宜。从功效方面说，与前文所述之解毒有关。茶性寒凉，故可清热、解毒与疗疮、治瘘。文献所记载，全是从主治而言。称治“瘘疮”者有《神农食经》《新修本草》《千金翼方》《本草经疏》《三才图会》和《中国医学大辞典》；称“疗积年瘘”者有《枕中方》；称“搽小儿诸疮效”者有《本草原始》。

有关茶叶疗疮治瘘的方剂如下。

《胜金方》载：治“蠼螋尿疮，初如糁粟，渐大如豆，更大如火烙浆炮，疼痛至甚者，速以茶并蜡茶，俱可以生油调敷，药至痛乃止”。据所述，很可能是指带状疱疹。

《摄生众妙方》载：治“脚趾缝烂疮，及因暑手抓两脚烂疮；细茶研末调烂敷之”。

宋慈《洗冤录》引《经验方》载：治“阴襄生疮，用蜡面茶为末，先以甘草汤洗后贴之，妙”。

《外科证治全书》载：“治下疳，雨前茶、麻黄各一钱五分，用连皮纸方七寸许，用铝粉钱半擦于纸上，铺前两药，卷成筒子，火灼存性，研细，加冰片各一分，研细用之。”

（二十一）疗饥

茶为饮食之品，可以疗饥，又与益气力（见下条）有关。从文献上看，均从功效而言。称“疗饥”者有《本草纲目拾遗》和《广东新语》。《野菜博录》称：“叶可食，烹去苦味二三次，淘净，油盐姜醋调食。”《救荒本草》称：“救饥，将嫩叶或冬生叶可煮作羹食。”

（二十二）益气力

茶与益气力有关的记载，文献中仅查及5条。从功效而言者有4条，称“有力”者有《神农食经》和《千金要方》；称“轻身换骨”者有《陶弘景新录》；称“固肌换骨”者有《图经本草》。从主治而言者仅1条，称“治疲劳性精神衰弱症”者有《中国药学大辞典》。

（二十三）延年益寿

有关茶的延年益寿功效，检及8家文献曾予记载。称“养生益寿”者有《荷廊笔记》。因为中医理论认为人的“天年”（自然寿命之意）为100～120岁，这在《黄帝内经》与《千金要方》上都有述及。何以多数人不能活到天年呢？这是患病夭折的缘故。所以，避免疾病也应属于延年益寿的范畴。《图经本草》称：“袪宿疾，当眼前无疾。”明代程用宾《茶录》称：“抖擞精神，病魔迹。”苏东坡《游诸佛舍，一饮酽茶七盏，戏书勤师壁》也曰：“何须魏帝一丸药，且尽卢仝七碗茶。”

关于茶可延年益寿的实例，据宋代钱易《南部新书》所载：“大中三年，东都进一僧，年一百二十岁。宜皇问，服何药而致此。僧对曰：‘臣少也贱，素不知药。性本好茶，至处唯茶是求。或出，亦日进百余碗。如常日，亦不下四、五十碗。’因赐茶五十斤，令居保寿寺。”

在古代，延年益寿的方药与方法（如导引、气功）往往披上神仙的外衣，茶叶也自难免。《茶解》称："茶通神仙。久服，能令升举。"《陶弘景新录》称："茗茶轻身换骨，昔丹丘子、黄山君（古仙人）服之。"《本草纲目》引壶公《食忌》："苦茶久食羽化。"

（二十四）其他

茶的其他功效不成系统者，尚有以下数条。《格物粗谈》称："烧烟可辟蚊，建兰生蛋斑，冷茶和香油洒叶上。"《物类相感志》称："陈茶末烧烟，蝇速去。"《救生苦海》称："口烂，茶根代茶煎饮。"

此外，尚有以下与茶有关的方剂。

《医方集论》方：治三阴疟，"雨前茶三钱，胡桃肉五钱（敲碎），川芎五分，寒多加胡椒三分，未发前入茶壶内，以滚水冲泡，乘热频频服之。吃到临发时，不可住"。

《本草纲目》方：治“月水不通，茶清一瓶入砂糖少许，露一夜服，虽三个月胎亦通”。又，治“痘疮作痒，房中宜烧茶烟恒熏之”。

第三节 现代对茶的功效的认识

下面探讨现代人对茶的功效的认识。

一、茶中所含的营养物质

茶中富含各类营养物质，如蛋白质、氨基酸、糖类、脂类、维生素、无机盐和微量元素等，详见下表。

营养成分	含量 /%	组成
蛋白质	20 ~ 30	谷蛋白、球蛋白、精蛋白、白蛋白等
氨基酸	1 ~ 5	茶氨酸、天冬氨酸、精氨酸、谷氨酸、丙氨酸、苯丙氨酸等
生物碱	3 ~ 5	咖啡因、茶碱、可可碱等
茶多酚	20 ~ 35	儿茶素、黄酮、黄酮醇、酚酸等
碳水化合物	35 ~ 40	葡萄糖、果糖、蔗糖、麦芽糖、淀粉、纤维素、果胶等
脂类化合物	4 ~ 7	磷脂、硫脂、糖脂等
有机酸	≤ 3	琥珀酸、苹果酸、柠檬酸、亚油酸、棕榈酸等
矿物质	4 ~ 7	钾、磷、钙、镁、铁、锰、硒、铝、铜、硫、氟等
天然色素	≤ 1	叶绿素、类胡萝卜素、叶黄素等
维生素	0.6 ~ 1.0	维生素 A、维生素 B_1、维生素 B_2、维生素 C、维生素 E、维生素 K、维生素 P、维生素 U、泛酸、叶酸、烟酰胺等

二、茶中的营养物质的功效

（一）茶多酚

茶鲜叶中含有 20% ～ 30% 的茶多酚。制成不同的茶类后，茶多酚的保留量不一致，绿茶最多。一系列的科学试验发现，茶多酚具有杀菌抗病毒作用、抗氧化作用、除臭作用、抑制动脉硬化作用、降血压作用、降血糖作用、抗过敏及消炎作用，对重金属的解毒作用，抗辐射作用、抗癌抗突变作用等。

（二）氨基酸

茶叶中的游离氨基酸已发现的有 28 种，大部分都是人体必需的氨基酸。茶叶中氨基酸的含量一般为 1% ～ 5%，春茶高于夏、秋茶，细嫩茶叶高于粗老茶，芽和嫩茎中的含量高于成熟叶片，更高于老叶片。

茶叶中的游离氨基酸有 20 多种，其中茶氨酸的含量要占氨基酸总量的一半左右。茶氨酸是茶叶中特有的游离氨基酸，有甜味。茶氨酸含量因茶的品种、部位而变动。茶氨酸在干茶中占重量的 1% ～ 2%。茶氨酸在化学构造上与脑内活性物质谷酰胺、谷氨酸相似，是茶叶中生津润甜的主要成分。到目前为止，已知茶氨酸只存在于茶叶中，除一种蕈中有极少量存在外，在其他任何植物中都没有被发现，可见茶叶的特殊性。

大部分氨基酸是蛋白质的组分，因此饮茶可以获得一定量的氨基酸，成为补充人体营养成分的一部分。但茶氨酸不是组成蛋白质的氨基酸，因此它不能算是营养成分。但近些年来，科学家们对茶氨酸的药效功能进行一些研究之后，发现茶氨酸的药效作用也是多方面的，如提高脑神经传达能力、保护神经细胞、镇静作用与提高记忆力、减肥、护肝、抗氧化作用、增强抗癌药物的疗效、增强免疫功能。

（三）咖啡因

咖啡因对人体有益还是有害，曾经在美国引起争议，后来经过严格的科学试验以后，证明咖啡因对人体无害。

茶叶中含有 2% ～ 5% 的咖啡因，夏茶高于春茶，红茶高于绿茶，嫩叶高于老叶。咖啡因的功效有兴奋、强心、利尿、促进消化液分泌、减肥等作用。

（四）茶多糖

中国民间有采用粗老茶治疗糖尿病的传统，现代研究得知，粗老茶中具有降血糖作用的有效成分是茶叶多糖。

茶叶中多糖化合物的含量为 5% 左右，粗老茶比细嫩茶含量高。茶多糖主要由葡萄糖、阿拉伯糖、核糖、半乳糖等所组成。茶多糖的功效主要是降血糖作用、降血脂作用、抗辐射作用。

（五）色素

茶叶中的色素有水溶性色素和脂溶性色素两类。茶叶中的脂溶性色素主要是叶绿素和胡萝卜素。叶绿素能刺激组织中纤维细胞的生长，促进组织再生；能加速伤口愈合。叶绿素还能治疗溃疡，对消化道的炎症有良好的辅助疗效。叶绿素还有抗菌作用，能抑制金黄色葡萄球菌、化脓链球菌的生长。现代研究发现，叶绿素能促进体内二噁英类的排泄。二噁英是一种致癌物质，在燃烧聚氯乙烯塑料制品时会放出二噁英类，对人有刺激感，严重时会致癌致畸。

茶叶中的胡萝卜素的含量为 16 ～ 30mg/100g，胡萝卜素具有抗氧化能力，它是维生素 A 原，在体内可分解为维生素 A。维生素 A 对维持人体的正常视力有帮助。

（六）维生素

茶叶富含多种维生素，含量最多的是维生素 C，其含量以高档绿茶为多，低档绿茶和红茶都较少。特级龙井茶中维生素 C 含量可高达 300 ～ 500mg/100g。维生素 C 具有抗氧化能力，能增强人体的免疫功能，预防感冒，促进铁的吸收，有防癌、抗衰老、防治坏血病的作用。

除了维生素 C 以外，绿茶中还含有维生素 A、维生素 B、维生素 E、维生素 K、维生素 F、维生素 P、叶酸和泛酸等。维生素 A 的含量为 8 ～ 25mg/100g，它能维持视觉、听觉的正常功能，维持皮肤和黏膜的健康，促进生长。维生素 B_1 的含量为 0.1 ～ 0.5mg/100g，它能促进生长，维持神经组织、肌肉、心脏的正常活动。维生素 B_2 的含量为 0.8 ～ 1.4mg/100g，它能维持皮肤、指甲、毛发的正常生长。维生素 B_3 的含量为 0.5 ～ 1.0mg/100g，它能参与核苷酸和氨基酸代谢，促进细胞增殖，预防贫血等。维生素 B_5 的含量为 4 ～ 7mg/100g，它能维持消化系统的健康，维持皮肤的健康。维生素 E 的含量为 25 ～ 80mg/100g，它具有抗氧化、延缓衰老，防治不育症、预防动脉硬化的作用。维生素 F（亚油酸、亚麻油酸等）含量为茶籽油含量的 65% ～ 85%，具有预防动脉硬化、维持皮肤、毛发健康的作用。维生素 K 的含量为 1 ～ 4mg/100g，它能促进凝血素的合成，防治出血，促进骨中钙的吸收沉积。维生素 U 的含量为 1 ～ 10mg/100g，具有预防胃溃疡的作用。

（七）皂甙

茶叶和茶籽中都含有皂甙化合物，具有提高免疫功能、抗菌、抗氧化、消炎、抗病毒、抗过敏等功效。

（八）芳香物质

茶叶中的芳香物质种类很多，每种芳香物质的含量都是极微量的。不少芳香物质都具有镇静、镇痛、安眠、放松（降压）、抗菌、消炎、除臭等多种功能。

（九）矿质元素

茶叶中的矿质元素，含量较多的是磷、钾，其次是钙、镁、铁、锰、铝、硫，微量成分有锌、铜、氟、钼、硒、硼、铅、铬、镍、镉等。

（十）纤维素

茶叶中纤维素的含量为 10% ～ 15%。人体每天需要摄取 25 ～ 35g 纤维素。纤维素具有帮助消化、通便、解毒、减肥、美容等功效。但茶汤中不能获得纤维素，只有吃茶渣或喝末茶、吃茶粉才能获得有效的纤维素。因此，将各种粒度很细的茶粉添加于食品中然后食用，是获得纤维素的好方法。

第二章

茶与健康

第一节　饮茶的好处

饮茶的好处非常多，具体概括如下。

一、饮茶使人精神振奋，增强思维和记忆能力

饮茶能振奋精神，消除疲劳，提高对外界环境的感受力，强化思维活动，消除瞌睡，甚至使人彻夜不眠。这主要是茶汤中的咖啡因等物质使中枢神经系统兴奋的结果。茶叶提神的作用主要是茶叶中的咖啡因和黄烷醇类化合物的作用所致，而且这种作用不因受其他因素的影响而降低效果。其机理是茶叶能促进肾上腺体垂体的活动，阻止血液中儿茶酚的降解，此外还有诱导儿茶酚胺的生物合成功效。而儿茶酚胺具有促进兴奋的功能，对心血管系统有强大作用。咖啡因增强皮质的兴奋过程，增加条件反射量，缩短其潜伏期。兴奋作用首先反映在大脑机能上，随着剂量的增加，相继影响延髓，最后影响脊髓。中枢神经系统的兴奋，导致心脏活动加强，血液循环加强，肌肉收缩力增加，达到提神益思的目的。

有人用迷宫实验证明，用茶叶喂饲小白鼠后，达到了使白鼠增强记忆力的效果。因此人在感到疲乏时喝上一杯茶，能够刺激机能衰退的大脑中枢神经，使之由迟缓转为兴奋，集中思考力，以达到兴奋集思之功效。

在六大茶类中，绿茶为不发酵茶，茶叶成分保留最多，提神功能最佳，乌龙茶次之，红茶最温和。

二、饮茶能消除疲劳、促进新陈代谢，并能维持心脏、血管和胃肠等的正常机能

饮茶具有明显的利尿效应，这并不是由摄入大量水分而引起的排尿量增加。有人用少量的绿茶提取液的溶液注射到家兔的耳静脉中，结果发现家兔排尿量明显增加。茶叶的利尿作用，使尿液中的乳酸排出，而人体中的乳酸是一种疲劳物质，会使肌肉感觉疲劳，因此乳酸排出体外能使疲劳的机体获得恢复。

茶叶是治疗心血管疾病的理想天然药物。日本等研究证实，茶叶中内含的儿茶素类物质是治疗冠心病的主要物质。目前研究普遍认为：人体血液中胆固醇含量高往往引起血管壁上脂类团块的沉积，因而引起冠状动脉收缩、动脉粥样硬化和冠状动脉血栓的形成，这是人类心血管疾病的主要病因。茶叶治疗心血管病的主要机理，主要是能抗凝、促纤溶、抑制血小板聚集、降低血脂、升高脂蛋白 A、改善胆固醇与磷酸比值，从而抑制主动脉及冠状内壁斑块形成，改善冠状动脉血流量，活血化瘀，避免动脉粥样硬化，防治心血管疾病。茶叶中防治心血管疾病的重要成分是茶多酚、茶红素及咖啡因等。

美国的科学家近年来发现，喜欢喝茶的人患冠心病的危险比不饮茶的人要低。每天至少喝一杯茶可使心脏病发作的危险降低 44%。即使这些喝茶的人罹患心脏病，其病死率也较之不饮茶的人明显偏低。每星期喝大约 19 杯茶的病人，比那些只喝少量茶或者不喝茶的人，在心脏病突发后继续存活 4 年以上的可能性要高出一倍多。喝茶之所以具有如此有效的作用，是因为茶叶中含有大量的类黄酮和维生素等可使心血管不易凝结成块的天然物质。该发现为人们预防心血管疾病提供了一个简便易行的好方法——以茶养心。

在各大茶类中，绿茶与青茶促进新陈代谢的作用最为明显。

绿茶中的芳香族化合物能溶解脂肪，可化浊去腻，防止脂肪积滞体内；其含有的维生素 B_1、维生素 C 和咖啡因能促进胃液分泌，有助于消化与消脂。绿茶中的儿茶素具有抗氧化、提高新陈代谢、清除自由基等作用，可以经由许多作用活化蛋白质激酶及三酸甘油酯解脂酶，减少脂肪细胞堆积，因此达到减肥功效，适宜因新陈代谢缓慢造成的肥胖。

应在饭后一小时饮用绿茶。倘若饭后立即饮茶，时间长了容易诱发贫血。而等到饭后一小时，食物中的铁质已经基本吸收完毕，此时喝茶便不会影响铁的吸收了。绿茶应饮用适量，每天不超过 1000 毫升即可。因绿茶中含大量鞣酸，大量饮用绿茶后，鞣酸与铁质结合形成一种不溶性物质，阻碍人体对铁的吸收。大量饮用可造成缺铁性贫血。贫血、胃溃疡、经期或者长期素食者不适合大量饮用绿茶。

青茶是半发酵茶，几乎不含维生素 C，却富含铁、钙等矿物质，含有促进消化酶产生和脂肪分解的成分，能够刺激胰脏脂肪分解酵素的活性，减少糖类和脂肪类食物被吸收，促进脂肪燃烧，尤其能够减少腹部脂肪的堆积。在青茶中再加些生姜，其减肥去脂的效果更加明显，还能提高身体的免疫力。青茶适宜因饮食过于油腻导致腹部脂肪堆积的人群。同绿茶类似，青茶不宜饭后马上喝，隔一小时左右再喝比较恰当。浓茶中含有的咖啡因浓度很高，会增加孕妇的尿量和心跳次数与频率，以及加重孕妇心与肾的负荷量，所以孕妇应减少青茶摄入量。

研究发现，红茶提取物有抗溃疡效果，对阿司匹林等药物和酒精引起的溃疡有促进愈合的作用。茶的提取物还能调控胃酸的分泌，促进胃动力。红茶能够提高胃肠道的动力，研究者认为，这可能与茶中成分对前列腺素等激素和一氧化氮的调控有关。红茶提取物能促进肠道蠕动，其中对肠动力起作用的活性成分很可能是茶红素。

还有研究发现，红茶、绿茶、普洱茶等，都有一定的抑菌作用，喝红茶能降低消化道中的有害细菌，如金黄色葡萄球菌。饮茶人群的幽门螺杆菌感染率明显较低。

红茶提取物在动物实验当中具有抗腹泻的效应，有调节肠黏膜细胞通透性的作用。还有研究表明茶提取物对肠道菌群平衡可能有所帮助。在药物引发结肠炎的动物模型当中，从红茶中提取的茶红素具有预防腹泻和减少结肠结构损伤的作用。可见，红茶对肠胃有益的说法，是有一定的科学依据的。肠胃功能改善之后，对各种营养物质的消化吸收能力都会增强，即便茶本身所含多酚类物质能结合少量的蛋白质和铁，就整体效果来说，仍然有助于改善人体的营养状况。

红茶对消化道的动力作用和保护作用比较显著，较适合那些胃肠功能比较弱或消化道有损伤的人。绿茶的抗菌、抗炎作用比较强，帮助控制血脂和减少脂肪吸收的效果比较明显，较适合食欲旺盛、消化功能强的人。普洱茶和红茶对于胃酸过多的人不适合，因其咖啡因含量比较高，而咖啡因不利于控制胃酸返流到食管。

三、饮茶可预防龋齿

口腔细菌作用于碳水化合物，容易产生破坏牙釉质的酸性物质，进而导致牙齿组织受损，形成龋齿甚至导致掉牙。而经常饮茶对龋齿有很好的预防效果。茶叶中含有氟和茶多酚。溶解在茶水中的氟离子很容易跟牙齿表面的钙质结合，可以促进牙齿的再矿化。氟和茶多酚的共同作用可以增强牙釉质的抗酸能力。而茶多酚具有消毒和杀菌的作用，可以抑制致龋菌的生长。

关于茶叶防龋齿的机理，我国学者研究发现，茶叶中含有较高的水溶性氟，氟化物可减少牙釉质溶解度和对口腔微生物代谢的影响，氟能取代羟磷灰石中的羟基，形成不溶于酸的氟磷石，从而不易被侵蚀而造成龋齿。龋齿连锁球菌与牙表面带相同电荷，葡萄糖在葡聚糖聚合酶作用下聚合成葡聚糖覆被该菌，使之易于着床。茶多酚能抑制葡聚糖聚合酶的活性，因而使病菌不易着床，起到防龋作用。此外，茶叶中的茶多酚、类黄酮、茶皂素等物质还可减少牙菌斑，改善口腔卫生状况。目前，日本、英国、美国等都积极利用茶叶来防治龋齿，或者运用由茶叶制成的茶口香糖进行防龋，并取得了良好疗效。

红茶和绿茶可以减少口腔炎症，防止细菌黏附在牙齿上，抑制口腔细菌生长。茶叶中含有类黄酮等多种抗氧化成分以及具有抗菌作用的类单宁物质儿茶酚等。英国有研究表明，每天至少喝 3 杯红茶可以保持口腔清洁，降低蛀牙（龋齿）危险。红茶可以抗击导致龋齿和牙病的两类细菌——链球菌属和乳酸菌。最有效的“剂量”是每天 3 ～ 4 杯红茶。科学家发现，即使红茶中加了糖，也仍具防龋作用。喝红茶有利于口腔健康，绿茶同样具有类似的功效，绿茶还有助于中和口腔中的硫化物进而起到防止口臭的作用。另外，多项研究得出的大量证据表明，喝茶可以防止牙齿脱落。

饭后用茶水漱口对龋齿有预防作用。口腔里的食物残渣多含酸性物质，易腐蚀牙齿，而茶叶属碱性，有中和酸的作用，且能抑杀某些病菌。绿茶中还含有丰富的多酚，具有清除自由基的作用和一定的抗菌活性，因此对预防龋齿有很好的作用。而且茶中的氟化物是牙釉质中不可缺少的物质，会增强牙齿的坚韧性和抗酸能力。

四、茶叶含有多种对人体有益的微量元素

矿物质和微量元素是构成机体组织和维持正常生理功能所必需的无机物质。例如，钙与磷的作用是强化骨骼和牙齿；钾的作用是调节心跳，并能帮助肌肉收缩；镁参与能量代谢；铁参与造血功能；锌和锰促进生长发育等。人体缺乏矿物质和微量元素会引起各种疾病，而茶叶中含有多种矿物质和微量元素，这些矿物质和微量元素与人体健康有着密切的联系。以现代中医药有效成分新学说为依据，从配位学的角度看，无论是茶叶还是中草药，其有机成分分子一般与无机金属离子形成配合物、缔合物或者其他更复杂的化合物，通过协同作用或者拮抗作用增强疗效，减小副作用。

茶叶的药效是因其含有生物碱、维生素、多羟基化合物、茶多酚等有机物和锰、锌、铬等微量元素，两者呈配合状态存在并起协同作用所致。可见，微量元素在人体中起到了非常重要的作用。譬如，铁在茶叶中含量较为丰富，多以二价铁和有机物结合形式存在，人体对其利用率较高。但目前，由于各种原因，缺铁性贫血在全世界都比较普遍，成为全球性营养疾病之一。茶叶中的铁含量较为丰富，适量饮茶对人体补充铁元素有一定的积极作用。再如硒，也是人体必需的一种微量元素。硒具有抑制多种癌症、抗癌防癌、抗氧化的作用；能促进体内多种代谢活动；硒是肌肉的正常成分；硒还有拮抗作用和降低多种重金属毒性的作用；硒还能刺激免疫球蛋白和抗体的产生，提高机体免疫功能。茶中所含的锌也是人体必需的元素。锌能促进维生素 B 族的正常吸收，并发挥其重要作用，参与胰岛素的组成和核酸的合成。茶叶中锌含量丰富，适量饮茶也能补充一定量的锌，防止锌缺乏病的发生。

另外，其他微量元素如锰、铜、锗、镁、锂等与人体健康关系密切，人体若缺乏这些微量元素将导致各种疾病的发生。而茶叶中含有丰富的微量元素，常饮茶有益于补充这些人体所需的微量元素，从而有益于人体健康。

五、茶叶有抑制恶性肿瘤的作用，饮茶能明显抑制癌细胞的生长

当前世界各国都十分重视茶叶抗癌防癌及其机理的研究，已发表了大量研究成果。茶叶的抗癌和防癌效果显著，提取其药用成分制造抗癌和防癌药物是目前茶叶研究的热点之一。

1986年，对侨居美国夏威夷的日本后裔癌症发病与饮茶习惯进行的流行病学调查发现，有饮茶习惯者直肠癌和前列腺癌的发病率明显低于不饮茶者。对江苏省南通市启东地区的人群肝癌死亡率与饮茶习惯进行的调查发现，肝癌死亡率与人群饮茶率呈明显的负相关。胃癌危险因素的病例对照研究结果表明，绿茶消耗量与胃癌危险度呈负相关。茶叶产地并且茶叶消耗量较多的日本静冈县的居民胃癌死亡率明显低于日本全国平均水平。肺癌的发生被认为是和吸烟有直接关系的，日本男性公民的人均吸烟率比美国高得多，但日本的肺癌患病率远比美国低，这被认为和日本人常饮绿茶有关。饮茶还可降低患胰腺癌的风险。绿茶对于已经长期暴露于肝癌危险因素中的人群有一定的保护作用。

研究表明，茶叶能明显阻断致癌物质亚硝基化合物的形成。绿茶阻断率可达 82% ～ 96%，红茶阻断率可达 43%。每日取茶 3 ～ 5 克，用 150 毫升水冲泡 2 次饮下，均可获得茶多酚 450 ～ 500 毫克，能完全抑制人体内源性亚硝化作用。

茶叶提取物的抗癌效果甚至高于目前的一般抗癌合成药物。绿茶中的儿茶素类物质能明显减少因吸烟、辐射、化学诱变致癌的发生率，抑制十二指肠癌和乳腺癌；儿茶素及其多糖复合物还能抑制皮肤癌。茶多酚是从茶叶中分离提纯的天然多酚类化合物，占茶叶干重的 20%～ 35%，也是茶叶中的主要物质，是茶叶抗癌作用的物质基础。

茶多酚不但对恶性肿瘤启动具有阻断作用，而且对肿瘤的生长、增殖具有直接的抑制杀伤作用。茶多酚能够促进免疫细胞的生长和增殖，提高机体的免疫功能，增强机体的抗癌能力。茶多酚对体内某些酶的活性具有一定的影响，这些酶通过抗氧化作用参与清除体内过量的自由基和降解致癌物，从而发挥抗癌作用。

细胞生长控制受许多基因制约，细胞癌变过程很可能是多种基因异常改变的结果，包括癌基因的激活、表达水平增高和抗癌基因的突变、缺失或失活。茶多酚可能通过对癌基因与抗癌基因的调控而产生抗癌作用。儿茶素对抑癌基因的表达有正调控作用。

综上所述，茶、茶多酚对癌症的启动、癌细胞的生长和增殖等许多环节都有显著的抑制作用，是一种广谱的、非特异性的和无毒副作用的天然抗癌物质，对肿瘤的化学预防和临床治疗均有较广阔的应用前景。

六、饮茶能抑制细胞衰老、延年益寿

常饮茶可长寿。我国曾对 100 例百岁以上长寿老人进行调查，发现其中95%是爱喝茶老人，50%生长在茶区，并且从4～5岁时就开始喝茶，有70%的长寿老人，每天要饮茶5克以上。现代科学研究表明，人的衰老主要是由于机体内脂质过氧化，导致代谢功能下降，加速衰老。脂质过量氧化与人体内自由基增多有密切关系。只要能控制人体内的脂质过量氧化，就能起到抗衰老作用。但实践证明，单独采用药物来抗衰老，既会产生一定的副作用，又不是长久之计。日本研究表明，茶叶中的儿茶素类物质具有较强的抗衰活性。每人每天坚持喝5～10克绿茶，持之以恒，就可达到抗衰老作用。茶多酚的抗衰性甚至高于维生素E达10多倍。

茶叶的抗衰老作用，中国古人通过长期的观察和实践早已知晓，并早已有记述。《神农食经》曾记载“久服令人有力悦志”，《茶录》中也曾记载“苦茶轻身换骨”。现代医学研究成果表明：茶叶中各种成分的组合十分协调，就像是一剂配方十分适宜的良药，既能彼此抑制，互克其短，又能相互协同，互补其长，对人体健康甚为有益。古人认为茶叶具有“轻身换骨、抗枯还童、延年益寿”的功效。

据分析，茶叶中含有的化学成分很多，其中有些成分，如蛋白质、氨基酸、糖、脂肪及各种维生素和矿物质等，人体若缺少了就会发生病态，形成缺乏症，这些成分被称为人体必需的营养成分。另外，茶叶还有一些人体非必需的成分，如咖啡因，茶多酚、脂多糖等，但是，这些成分都从某一角度对人体健康起着裨益的作用，或具有某方面的特殊药效。这些药效也不是由单一成分完成的，而是几个成分相互协同作用的结果。茶叶的药理作用是综合性的。所以人们称茶叶为复方药剂。既治病又养生，这就是茶叶延年益寿的根本原因。

七、饮茶可延缓和防止血管内膜脂质斑块形成，防止动脉粥样硬化、高血压和脑血栓

动脉粥样硬化是老年人和中年人的常见病和多发病，是形成心脏和脑缺血病症的主要原因。它是由于在大动脉和中动脉内呈现动脉内膜脂质沉积，形成黄色粥样病灶，使得动脉壁出现纤维增生和变硬而形成的。在许多国家和地区，动脉粥样硬化症及其并发症居于死亡原因的首位。

血浆中的脂质含量超出正常范围称高血脂。血脂指血浆中的脂质，包括胆固醇、甘油三酯、磷脂和游离脂肪酸等。胆固醇和甘油三酯含量过多，会附着在血管壁上造成动脉硬化并给心脏带来负担，从而降低心脏机能。绿茶具有降低血液中胆固醇的作用，还有强化血管的功效。

血栓的形成主要取决于血液中凝血因子的变化、血管壁的变化和血液淤滞三个因素。血栓是由于血小板团块在静脉和动脉的管壁附着，并通过凝血酶的作用使血小板聚集而形成的，因此抑制血小板聚集是防治动脉血栓病的关键。目前已经通过实验证明，茶叶中的儿茶素类、茶黄素和茶红素具有抗血小板聚集、血液抗凝和促进纤溶的作用。儿茶素和黄酮甙，具

有增加微血管弹性、降低血脂以及溶解脂肪的作用，因而能防止血液中或肝脏中胆固醇和中性脂肪的积聚，对防止血管硬化有一定作用。

《国外茶叶动态》报道：对 80 例高血压患者进行饮茶治疗临床试验，在 5 天之内使血压恢复正常者有 50 例。福建医科大学巡回医疗队对 30 岁以上的人按饮茶习惯进行高血压病调查，发现不饮茶或偶尔饮茶的有 633 人，高血压发病率为 16.23%；而常饮茶的有 331 人，患病率仅 6.95%。安徽医学研究所研究表明：一般高血压患者，只要每天坚持饮用 10 克高级绿茶，半年后血压可降低 20% ～ 30%，而且无任何副作用。法国国立健康和医学研究所进行多次临床试验，发现我国云南沱茶具有特殊的降血脂功能，20 多名血脂含量很高的病人，日饮 1 碗云南沱茶水，2 个月后，血脂平均下降 22%。湖南医科大学经临床试验，发现 14 例高血压患者每人每次饮茶 3 克，1 日 3 次，经 7 ～ 24 周不同疗程，血压平均下降 34 毫米汞柱，40 例高血脂患者每人每次饮茶 3 克，一日 2 ～ 3 次，经 2 个月疗程后，胆固醇下降 34.3%，甘油三酯下降 57.5%。

人的高血压病 90% 以上是属本态性高血压和由肾动脉狭窄引起的肾血管性高血压，它的形成是受肾素－血管紧张素类物质控制，而茶叶中的儿茶素对其有明显的抑制作用，因而起到降压作用。同时茶叶中的儿茶素和咖啡因还能促进血管壁松弛，增加血管有效直径，可使血管壁保持一定的弹性，消除脉管痉挛，预防老年性毛细血管变脆，提高防止血管破裂的功能，从而达到降低血压的效果。此外，高血压患者普遍表现为胆固醇及血脂含量过高，茶叶中的儿茶素类物质对人体总胆固醇、游离胆固醇总类脂和甘油三酸酯的含量有明显降低作用，这也是茶叶降血压的主要原因之一。试验表明，儿茶素能有效地减少不溶性胆固醇在肠内的吸收，减少体内肝脂肪的累积。

八、饮茶能使中枢神经兴奋、增强运动能力

联合国粮食及农业组织进行的茶与人体健康的研究认为，茶的有效成分是茶多酚，对人体多种常见疾病具有广谱预防的作用。运动过程中，自由基与运动疲劳的关系早已为人所熟知。作为一种天然抗氧化剂，茶多酚及其主要单体儿茶素所具有的多酚羟基结构决定了它能有效清除自由基，对延缓运动疲劳、提高人体运动能力及维护运动员健康起到积极作用。

如上所述，运动疲劳与自由基代谢有关。运动引起自由基的增加，其机制有两点：其一，剧烈运动时耗氧量增加，氧代谢的结果必然引起自由基的增加；其二，局部组织缺氧及代谢产物堆积，激发了一系列自由基反应。自由基对多不饱和脂肪酸的过氧化作用速率加快，致使生物膜结构被破坏，细胞的功能紊乱，红细胞运输氧气的能力下降等，使机体产生疲劳。

实验表明，茶多酚复合体及其主要组成——儿茶素单体对氧自由基的消除率可达 92%～98%，明显优于维生素 C 和维生素 E 对氧自由基的消除作用。羟自由基是最活泼的，也是对机体危害最大的一种自由基。儿茶素对羟自由基的清除能力为甘草提取物的 10 余倍，为维生素 C 的 200 余倍。茶叶中的茶多酚和儿茶素能提高人体运动机能和保持人体健康，以其高效和无毒副作用而越来越得到重视。

九、饮茶有良好的减肥和美容效果

古时就有饮茶去肥腻之说，即饮茶可以消除脂肪，和现代的“减肥”相类似。喝茶可以“轻身”“换骨”“延年”“去腻解肥”。有关茶叶这一功效的文献也颇多，如《本草图解》《食物本草》《饭有十二合说》等，《本草拾遗》称茶“久食令人瘦”。随着人们生活水平的

提高，营养过剩、肥胖症（临床表现主要是形体肥胖、心悸、气短汗虚、四肢无力、下肢浮肿等）患者日益增多。据中外医学研究表明，茶叶具有显著的减肥功效。

现代科学研究表明，茶叶中含有许多调节脂肪代谢，促进脂肪消化的物质，茶叶中的茶多酚能显著降低血液中的胆固醇和甘油三酯的含量，维生素 C 有促进胆固醇排出的作用。尤其是儿茶素能显著降低内脏脂肪的含量。因此，长期饮茶能促进人体新陈代谢与脂肪氧化作用，除去人体内多余的脂肪，有助于维持身体机能的平衡，控制体重来达到“减肥”的目的，而不是喝茶就可以直接减少“体重”。要正确认识和理解饮茶与减肥的关系。

各类茶都具有一定程度的减肥功效。绿茶的减肥健美效果高于红茶。喝乌龙茶、沱茶、普洱茶及砖茶等紧压茶，更有利于降脂减肥。据国外医学界一些研究资料显示：云南普洱茶和沱茶具有减肥健美功能和防止心血管病的作用。云南普洱茶和沱茶的最大优点在于消食、辟瘴、止痢、减肥。临床实验表明：常饮沱茶，对于年龄在 40 ～ 50 岁的人，有明显减轻体重的效果，对其他年龄段的人也有不同程度的效用，70% 以上的病例体内甘油三酯的含量显著地降低了。

现在，越来越多的日本人认为乌龙茶是减肥和健身的最佳饮料。日本“乌龙茶热”的主要原因就是其减肥健美效果明显。乌龙茶有明显分解脂肪的作用，常饮能帮助消化、利尿，有助于减肥健美。乌龙茶一向有“苗条茶”“美貌和健康的妙药”之誉。乌龙茶中含有咖啡因、茶碱、可可碱、挥发油、维生素 C、槲皮素、鞣质等，对降低血脂和促进新陈代谢都很有益处，适合各种肥胖症者饮用。

我国西北地区的少数民族有“宁可三日无粮，不可一日无茶”的说法。他们主食牛、羊肉和奶酶等高脂肪食品却不发胖，其原因之一，与经常饮用黑茶中的砖茶有关。长期饮用黑茶对人体的血脂、血糖、血压、血管硬化具有良好的调节作用，并对体重、体形具有良好的调控作用。砖茶中不仅含有丰富的纤维素可起到燃烧脂肪的作用，而且在其发酵过程中产生的叫普诺尔的成分对于防止脂肪堆积也起到一定的促进作用，所以砖茶对于抑制人体腹部脂肪的增加有更好的效果。

目前市场上出现的许多减肥茶，多是以茶为基础原料，再配以决明子、山植等多种中草药，包装成袋泡茶，饮用较为方便。

茶不仅是健康饮品，还是美容护肤的极佳材料。美国《医药日报》总结出茶叶有“六大美容功效”。第一，眼睛消肿。茶叶中的咖啡因能收缩血管，减少肿胀，缓解眼疲劳。将红茶包浸泡在温水中，冷却后敷眼，闭眼躺10分钟，双眼疲劳感会逐渐消失，感觉异常轻松。第二，去头屑。将半杯水煮沸，加入洋甘菊茶，浸泡10分钟后再加入1/4杯橄榄油，然后用梳子蘸茶油混合液梳头发。洋甘菊有助于净化及调理头皮，去除头皮屑，橄榄油起到滋润头皮的作用。第三，缓解脚臭。茶叶中的鞣酸可起到收敛剂的作用，因此用喝剩的红茶泡脚可缓解脚臭。第四，止血消炎。将红茶包浸泡在温水中，然后用茶包敷在伤口处几分钟，有助于止血消炎、缓解皮肤割伤或拉伤的刺痛感。第五，治疗痤疮。绿茶有抗氧化、抗炎功效。将热水浸泡后的茶叶末倒入洁面乳中，搅匀，取少许在脸上搓揉5分钟，然后洗净，有助于治疗脸部痤疮。第六，保湿。将绿茶放入一壶沸水中浸泡，然后用毛巾盖住头部，将脸部靠近壶口（注意保持距离，以免烫伤），利用茶水的热气熏蒸5分钟，可起到美白补水的作用。上述有美容功效的茶中，第二点所说洋甘菊茶是非传统六大茶类。

十、饮茶可以明目、预防老年性白内障

饮茶能“明目”“清目”，治疗眼科疾病。其原因是茶叶中含有多种治疗眼疾的成分。茶叶中富含的维生素A原－胡萝卜素和茶叶芳香物质β－紫罗兰酮具有维生素A的生理生化作用，可以防止上皮组织角化增加，防止泪腺细胞角化并停止分泌泪液形成干眼症，防止角膜角质化的增厚导

致角膜因得不到前房水的滋养而坏死，防止其他黏膜丧失抵抗病菌感染的能力造成眼科疾病。除此之外，胡萝卜素在体内转变成维生素A后，在视网膜内与蛋白质合成视紫红质，增强视网膜的感光性，治疗和预防夜盲症。茶叶中还含有丰富的维生素C，维生素C可以提高机体对传染病的抵抗力，对防止白内障、水晶体混浊有一定效果。茶叶中还含有维生素B_2，可以防治眼部与黏膜交界处的病变，如角膜炎。维生素B_2是维持视网膜正常机能所必要的活性物质。茶能明目，早在《神农本草经》中就有记载："茗味苦，微寒无毒……轻身明目。"我国劳动人民常用浓茶洗眼，防治烂眼弦即急性结膜炎等。

研究表明，每日能够喝上5杯茶的老人，他们患白内障的可能性较不喝茶或很少有喝茶习惯的老人要低得多，并且多少喝上一些茶的老人较那些从不喝茶的老人其白内障的发病率也低一些。学者们认为，这与茶叶中含有的大量鞣酸有关。

现代医学认为，白内障疾病的发生是体内氧化反应所产生的自由基作用于眼球的晶状体的缘故。而茶叶中含有的大量鞣酸可以阻断体内产生自由基的氧化反应的发生，茶水对白内障可以起到有效的预防作用。茶水里含有丰富的维生素A和维生素C，维生素A在预防干眼和白内障上有着很好的效果。维生素C则可以对抗氧化自由基的损伤，对白内障的预防有着很好的帮助。因此，老年人最好能够养成每日多喝茶的习惯，因为这样可以预防老年性白内障的发生，同时还可阻碍白内障程度的加深。

十一、茶叶可杀菌、消炎、解毒

《神农本草经》中记载："神农尝百草，日遇七十二毒，得茶而解之。"明《本草通元》说饮茶能解"酒毒"。日本《吃茶养生记》中记载，日本镰仓将军源实朝因宿醉而猛烈头痛，治疗无效，"日本茶圣"荣西禅师以浓茶劝饮，饮后头痛很快就好了。饮茶能敌烟醒酒，因茶中有茶多酚和咖啡因，能中和酒精，对抗烟草中的尼古丁，加强大脑皮质抑制过程的作用。同时茶有强心、利尿作用，刺激肾脏，使血液流通，增大呼吸量，促进酒精、尼古丁等排出体外。因此，浓茶可以解除酩酊、烟毒，还能消除催眠药物引起的瞌睡。

茶叶的杀菌消炎作用，我国许多医书中都有大量记述。现代医学研究证实，对于一般细菌，茶汁在20小时内就可将其杀灭，如葡萄球菌，能在14小时内消灭掉；伤寒赤痢菌，可在8～11小时内杀灭；霍乱菌，2小时内就可致死。茶叶中的茶多酚能消灭食品中的微生物，如梭菌属、肉毒杆菌属、金黄菌属病菌等。茶多酚对伤寒杆菌、副伤寒杆菌、黄色溶血性葡萄球菌、金黄色链球菌和痢疾病原菌有明显抑制作用。高级绿茶治疗肠伤寒、鼠疫、赤痢比很多昂贵药物好且持效长。茶浸出物能促进双歧杆菌增生，有利于消灭肠道病菌。茶汤虽不能抑制流感病毒在细胞内的繁殖，但能抑制其侵染人体。常饮茶的人，急性传染性肝炎的发病率相对较少。日本在20世纪50年代曾广泛应用茶汁治疗鼠疫。前苏联研究表明，绿茶汁治疗赤痢，疗效高，无任何副作用。儿茶素类物质促进肾上腺素分泌，抵抗发炎因子组胺作用，达到消炎目的。

茶水漱口是我国古代人养生术之一，茶水（特别是浓茶）不但除污解腥高于一般清水，而且具有抑制和杀灭潜藏在口齿间的乳酸杆菌、链球菌、大肠杆菌和葡萄球菌等病菌的作用。坚持饭后茶漱，能大大降低舌炎、口腔炎、龋齿、牙周炎和咽喉炎等的发病率。近几年日本研究发现，每日附着在齿缝的动植物食物残渣，如不及时漱、刷干净，极易被口内细菌或生物酶所分解、发酵，产生含氨毒物及亚硝酸盐等致癌物。茶叶中的茶多酚对这些细菌有很强的杀灭作用。

茶叶杀菌消炎的原因主要是茶叶中的茶多酚能把蛋白质凝固起来，细菌多是由蛋白质构成的，茶多酚与细菌结合即能使之凝固变性而死。此外，茶多酚还可与铅、锌等重金属和生物碱结合，使其排出体外避免其毒害作用。水质不良的地方，水里可能含有植物性病毒，茶多酚能将其凝固。因此干旱季节、饮水混浊或旅行途中，茶叶是不可缺少的保持健康的良伴。

饮茶能消炎、杀菌、解毒是劳动人民长期积累下来的经验。茶叶中含有多种杀菌成分。其中的醇类、醛类、酯类、酚类等有机化合物，均有杀菌作用，但杀菌的作用机理不完全相同。有些干扰细菌代谢，有些则使细菌体内蛋白质变性。此外，茶叶中的硫、碘、氯和氯化物等有机化合物，也具有杀菌、消炎作用。这些物质多为水溶性，能浸泡到茶汤中，故饮茶有杀菌的功能。

据研究，茶多酚对大肠杆菌、葡萄球菌、肺炎菌的生长繁殖有抑制作用。人们在暑热天气用茶来治疗痧气；民间用茶姜合剂来治疗赤白痢；医师给施行手术的病人饮用绿茶，促使伤口愈合；在农村，习惯用茶汁来洗涤烂疮口，不使之发炎等，都是利用茶消炎收敛的功效。

十二、饮茶能保护人的造血机能、防辐射

近年来，生存环境的持续恶劣以及电子产品的广泛应用，紫外线辐射，以及电脑、手机、电视等的电磁辐射，已经对人类造成了严重的伤害。各类辐射对人体的皮肤、眼睛、免疫系统造成了伤害；紫外线能破坏人体皮肤细胞，导致皱纹、色斑，使皮肤未老先衰，严重时产生日光性皮炎及晒伤，或皮肤和黏膜的日光性角化症，甚至引起皮肤癌变。眼睛是对紫外线敏感的器官，紫外线能对晶状体造成损伤，是老年性白内障致病因素之一。电脑、手机、电视等的广泛使用，使人们承受着越来越严重的长时间、低剂量的电磁辐射损害。长期电磁辐射会使人的心脏收缩压、心率、血小板和白血球的免疫功能等受到一定程度的影响；并会引起神经衰弱、眼晶体混浊等症状；还会产生自由基，如果自由基长期过量就会产生副作用，造成蛋白质交联、脂质过氧化，甚至诱发癌症。

饮茶有抵抗放射性伤害和防治放射性病变的功能，早已受到营养学、医学、药学界的重视。据调查发现，1945 年广岛原子弹爆炸的受害者中，凡是有长期饮茶习惯的人，患放射病一般较轻、存活率更高。日本对广岛原子弹爆炸区蒙难者的调查表明，那些迁移到茶地区定居并经常饮茶的蒙难者，不但生存率大大高于不饮茶的蒙难者，而且体质普遍较好，其后代发生“异变现象”也极少。日本以茶叶提取物对以致死剂量的锶 90 处理过的动物进行试验，结果证明茶叶中的儿茶素可以吸收 90%的危险同位素。说明茶叶是高效抗辐射物质。茶叶的主要成分茶多酚，其防辐射的药理、药效归纳主要有：能与脂多糖等成分吸附和捕捉放射性物质，甚至能促使骨髓中的放射性物质排除出体外。实验数据证明，肠道中如有 12% 的单宁，即能使 30% ～ 40%的锶 90 随粪便排出体外；而脂多糖与单宁能够对抗放

射性物质钴 60 的辐射伤害。除儿茶素类物质外，茶叶中存在的谷胱甘肽、脂多糖、维生素 C 都有一定的防辐射损伤作用。脂多糖在茶叶中的含量约为 3%，具有增强人体非特异性免疫力、抗辐射、改善造血系统的功能。对防治由辐射引起的白细胞降低具有良好作用。正因为茶叶是高效抗辐射物质，人们把茶誉为“原子时代的理想饮料”。前苏联的“切尔诺贝利”核电站事故，导致前苏联茶叶消费量大量增加，原因之一就在于用茶叶具有防辐射损伤作用。

绿茶和红茶可预防 β 射线引起的皮肤癌。飞行员连续饮茶饮料，可以预防宇宙空间的多种射线危害。茶中含有多个酚羟基，能够提供质子与辐射产生的自由基结合，来消除机体内过量的自由基，避免生物大分子的损伤，从而起到防辐射作用；能清除日晒生成的自由基，并有效抑制黑色素细胞的生成，有防晒作用。饮茶可以调节人体内与辐射有关的酶类，通过影响和调节各种酶的活性，达到防辐射作用。饮茶能修复辐射对免疫器官的损伤，减缓免疫细胞的损伤或促进受损免疫细胞的恢复，从而调节和增强免疫功能，提高细胞对辐射的抗性。饮茶对血象损伤具有明显的防护效应，能提高造血功能，尤其对辐射损伤的白细胞有明显的恢复作用，而且保护机体受辐射后多向性造血干细胞及骨髓有核细胞的分裂免受损伤。临床试验证明，茶叶提取物可防治肿瘤放射治疗产生的副作用，服用后对放射治疗引起的恶心、呕吐、食欲不振、腹泻等症状有所缓解；能明显抑制白细胞数量的下降；还有治疗因从事医学放射性职业有关病人的白细胞减少症的作用。

综上所述，茶叶在抗放射线损伤方面具有较好的防治效果，不仅具有防晒、防辐射损伤效果（辐射前吃茶），还对辐射损伤机体有恢复作用（辐射后吃茶）。总之，茶作为天然饮料，经常饮用对预防辐射损伤，提高人体抗辐射能力，增进人体健康等是有益的。特别是在看电视时，泡上一杯茶，边看边饮茶，能增加生活情趣、消食去腻，还能对抗辐射的危害、保护眼睛视力，是当今非常方便、低廉、有效的保健养生方法。因此，人们又称茶叶为“电视饮料”。

十三、饮茶能维持血液的正常酸碱平衡

人体内各种体液必须具有适宜的酸碱度，这是维持正常生理活动的重要条件之一。体内酸性物质主要来源于糖、脂类和蛋白质及核酸的代谢产物，其次是饮食和药物中的成酸物质及少量酸性物质。

酸性体质令人易产生疲劳、情绪急躁、胃肠闷胀、消化不良、呼吸加快、智力减退等轻重不一的酸中毒症状。此外，还能诱发近视、龋齿、软骨病、神经衰弱、胃酸过多、动脉硬化、脂肪肝、肥胖症、高血压、糖尿病、冠心病等疾病。

酸性体质的形成是一个漫长的过程，对身体的影响也是一个从量变到质变的过程。当酸性不很强时，反映出来的是亚健康状态，进一步酸化，就会出现各种疾病。这几乎是所有内源性慢性疾病的患病原因。比如，癌症病人的体液都是酸性的，病情越重，酸性越强。因为癌细胞只有在酸性体液和缺氧的条件下，才会快速生长，形成肿瘤。糖尿病病人、痛风病病人、心血管病病人的体液都是酸性的。所以说，酸性体质是百病之源。疾病的治疗必须从根本上改变酸性体质。

而饮茶可以调节酸性体质，维持血液正常的酸碱平衡。茶叶富含咖啡因、茶碱、可可碱、黄嘌呤等物质，是一种典型的碱性饮料。饮茶后，茶水能

在体内迅速吸收和氧化，产生浓度较高的碱性代谢产物，从而及时中和因食用酸性食品过多而产生的血中酸性代谢废物（乳酸、尿素等），维持血液的酸碱平衡，使体内组织和体液保持在正常的弱碱性状态，以利于生命活动的正常进行。

十四、饮茶可防暑降温

适当饮茶可以起到防暑降温、解渴生津的作用。

茶汤除补给水分以维持机体的正常代谢外，还含有清凉、解热、生津等效能的成分，刺激口腔黏膜，促进口内生津。茶汤中的咖啡因对大脑皮质有选择性的兴奋作用，控制体温中枢调节体温。茶汤中的芳香物质一方面因其挥发而吸热，另一方面给予口腔清凉感觉，达到调节体温的目的。茶汤中的茶多酚结合芳香物质给予口腔黏膜以轻微刺激，产生鲜爽滋味，促进唾液分泌，口内生津，解除口渴。

由于夏天气温高，当环境温度接近体温或超过体温时，体内的热量只能以出汗蒸发的形式来散热，热茶可以刺激人体的温度感受器——中枢热敏神经元，资讯传达至体温调节中枢，再经过一系列的神经反射调节，皮肤毛细血管和毛孔迅速扩张，血流量大大增加，汗腺分泌增强，汗液量增多，将人体深部的热量带出体外，达到散热的目的。

饮热茶降温主要是因为热茶能促使汗腺舒张排汗，散发体内热量。经大量实践证明，热茶降温效果较冷饮更显著，维持的时间更长。饮热茶 9 分钟后，皮肤温度下降 1 ～ 2 摄氏度，降温可以维持 15 分钟以上，使人感到凉爽和干燥；而饮冷饮后只能使嘴周围皮肤温度降低，全身皮肤温度下降不明显。

十五、饮茶可解酒护肝

目前，关于茶解酒护肝的功能，尚存争议。本书仅提供争议双方的观点，供读者参考。

自古以来就流传有茶能解酒的说法。但有些人认为茶中根本没有解酒精的成分，而且茶和酒同饮还会损伤肾功能，所以酒后切忌饮茶水，特别是浓茶。

人们通常认为茶能解酒是因为如下两点。

第一，喝茶能够增加排尿，从而带走一些已经被人体吸收的酒精，对于减轻酒精中毒有好处。

第二，也有人认为饮茶能够使大脑兴奋、清醒，从而酒后饮茶能够让头脑清醒一些，达到醒酒的效果。

反对者认为，茶非但不能解酒，相反，还有可能加重醉酒的症状。因为酒精和茶都具有兴奋心脏的作用。若同时饮用两者，对心脏的损害更大，特别是对心脏疾病患者，会带来更加不好的后果。茶有利尿的作用，若酒后饮茶，由于排水过速，会把来不及氧化分解的乙醛提早引入肾脏，刺激肾脏，会更加损害肾脏。同时也会因为体内的水分减少，形成有害的物质残留在肾脏，可能产生结石，对身体造成双重的伤害。

另外一部分人认为，茶中最重要的物质是咖啡因和茶多酚等抗氧化剂。这些成分虽不能促进酒精代谢，但对酒醉有一定的影响。酒精会让人晕眩、运动能力失调，而茶里富含的咖啡因可以刺激人兴奋和清醒。喝酒的同时摄入咖啡因，在头痛、虚弱、口干以及运动机能失调这些“醉酒征兆”方面都要明显低于单纯喝酒的人。茶中不仅有咖啡因，更有大量的抗氧化剂。当酒精代谢不畅时，体内乙醛含量会增加，并在其他酶的作用下产生大量超氧阴离子，超氧阴离子会引发一连串氧化反应，最终损害身体。而抗氧化剂的作用是制止这种过氧化反应的进行，因而起到保护细胞活力的作用。

综合上述两种表述，我们认为应慎重对待喝茶解酒护肝的说法。

十六、饮茶可利尿通便

《茶谱》中提到人饮茶能“利尿道”。宋代《妇人方》中记载茶为治疗产后便秘的良药，清代《本草备要》中：“茶有解酒食、油腻、烧炙之毒，利大小便，多饮消脂肪，能去油。”

茶能利尿主要是由于茶汤中的生物碱和黄酮醇类物质的作用。这些物质抑制肾小管的再吸收，使尿中钠离子与氯离子的含量增多，同时兴奋血液运动中枢，直接舒张肾血管，增加肾脏的血流量，提高肾小球的过滤率，起到利尿作用。此外，这些物质对心脏性水肿有显著效果。茶汤中含有利尿和镇吐药用成分，对肝性、心脏性水肿和妊娠水肿与呕吐都有显著效果。此外，茶汤中还含有可溶性糖类，这些糖类物质吸收后，能增加血液渗透压，促使体内水分进入血液，血管内血量的增加，会起利尿作用。

十七、饮茶可防治糖尿病

日本临床试验表明，饮茶对糖尿病有显著的疗效。凡中度或轻度患者饮茶能使尿糖很少或完全消失；严重的患者，饮茶可使尿糖降低，各种症状明显减轻。与采用胰岛素注射治疗相比，其方法简单，费用低廉，可取得相似的效果。日本研究表明，各种绿茶的冷水浸出液都具有降低血糖的效果，其下降率可达40%。热茶水效果不如冷茶水，红茶效果差于绿茶。

埃及研究也证实，茶叶具有显著降血糖作用，并发现其降血糖机理是二苯胺的作用。由于绿茶中二苯胺含量高达0.2%，大大高于红茶中的含量，因而红茶的降血糖效果不如绿茶。日本药理学研究表明，茶叶治疗糖尿病的机理是茶叶中内含的多糖体综合作用的结果。糖尿病患者只要将这种茶叶中提取出来的多糖体坚持服用三个疗程，就可使体内血糖下降40%左右，其药理功能可与灵芝和人参等中药提取物的降血糖效果相媲美。这种多糖体，提取费用低，且服用后无副作用。

十八、饮茶可去腻消食

“苦茶生下气，消宿食。”“身体衰弱，消化机能迟缓者，日饮若干量则能有效。”饮茶助消化，是由于多种成分的综合作用。咖啡因兴奋中枢神经系统，可以提高胃液的分泌量，促进食物（特别是含氮较多的蛋白质食物）消化。茶汤中还含有许多能调节脂肪代谢的物质，可促进脂肪消化。

边疆少数民族地区，以脂肪性食物为主，“腥肉之食，非茶不消；青稞之热，非茶不解。”这说明以茶助消化在边区人民生活中起着重要作用。除此之外，茶叶中的芳香物质可以消除口中的腥膻油腻气味。《茶谱》中说：“每食已，辄以浓茶漱口，烦腻既去，而脾胃自清。”日常生活中，食用油腻食物过多时，泡饮一杯茶，可使油腻味消除，同时帮助消化。

十九、饮茶可预防艾滋病

艾滋病是人类的大敌，人类免疫缺陷病毒引起艾滋病，寻找其逆转录酶抑制剂是化学治疗艾滋病的目标之一。1991年美国和日本的研究表明，茶叶中的茶多酚生物活性成分是转换酶活性的强抑制剂。

二十、其他

饮茶除以上好处外，还可预防胆结石、肾结石和膀胱结石；防治支气管炎和感冒；预防痛风；防治肝炎；解除肝中毒，消除人体中有害的盐类和毒素的积累，治疗瘰病；用作口臭、烟臭、酒臭的除臭剂；预防牙床出血、水肿和眼底出血；防止甲状腺功能亢进；咀嚼干茶叶可减轻孕妇的妊娠反应和晕车、船引起的恶心；预防肾功能不全；去痔疗瘘；抗过敏等。如上所述，茶叶对人体的保健作用是十分广泛的。每日饮茶，将十分有益于人体健康。

第二节　各类茶及其功效

中国有六大茶类，即绿茶、红茶、黄茶、白茶、青茶和黑茶。茶叶中的很多共性成分在六大茶类中都含有，但每种茶类的营养成分又各不相同。

以下是对常见茶类的功效的简单总结。

一、绿茶及其功效

绿茶，是不发酵茶，是以适宜茶树新梢为原料，经杀青、揉捻、干燥等典型工艺过程制成的茶叶。其干茶色泽和冲泡后的茶汤、叶底以绿色为主调，故名绿茶。

绿茶按其干燥和杀青方法的不同，一般分为炒青绿茶、烘青绿茶、晒青绿茶和蒸青绿茶四种。

知名的绿茶种类有：龙井绿茶、碧罗春绿茶、黄山毛峰绿茶、庐山云雾绿茶、六安瓜片绿茶、蒙顶绿茶、太平猴魁绿茶、顾渚紫笋绿茶、信阳毛尖绿茶、平水珠绿茶、西山绿茶、雁荡毛峰绿茶、华顶云雾绿茶、涌溪火青绿茶、敬亭绿雪绿茶、峨眉峨蕊绿茶、都匀毛尖绿茶、恩施玉露绿茶、婺源茗眉绿茶、雨花茶、莫干黄芽绿茶、五山盖米绿茶、普陀佛绿茶等。

因未经发酵，绿茶较多地保留了鲜叶的天然物质，含有的茶多酚、儿茶素、叶绿素、咖啡因、氨基酸、维生素等营养成分也较多。绿茶中的这些天然营养成分，对防衰老、防癌、抗癌、杀菌、消炎等具有特殊效果，是其他茶类所不及的。

绿茶味苦性寒，一般人均可饮用，适宜高血压、高血脂、冠心病、动脉硬化、糖尿病患者和油腻食品食用过多的人群。但绿茶性偏寒，肠胃不好的人喝绿茶容易造成胃肠胀气等症状。发热、肾功能不全、心血管疾病、习惯性便秘、消化道溃疡、神经衰弱、失眠的人群及孕妇、哺乳期妇女、儿童不宜饮绿茶。特别需要注意的是，绿茶能在很短的时间内，迅速降低人体血糖，所以低血糖患者慎用。饮用绿茶必须适量，过量饮用绿茶会影响铁的吸收。绿茶最好以 80 ～ 85 摄氏度的温开水随泡随饮，不要冲泡过度或放置过久，且每次不宜过浓，以分次多饮为宜。

二、红茶及其功效

红茶是在绿茶的基础上经发酵创制而成的。以适宜的茶树新芽叶为原料，经萎凋、揉捻（切）、发酵、干燥等典型工艺过程精制而成。因其干茶色泽和冲泡的茶汤以红色为主调，故名红茶。

红茶的种类较多，产地较广，按照其加工的方法与出品的茶形，主要可以分为三大类：工夫红茶、小种红茶和红碎茶。工夫红茶是中国特有的红茶，如祁门工夫红茶、滇红工夫红茶等。其“工夫”两字有双重含义：一是指加工的时候较别种红茶下的功夫更多，二是冲泡的时候要用充裕的时间慢慢品味。红碎茶则是国际茶叶市场的大宗产品，将红碎茶通过机器加工即成国际 CTC 红茶，这种茶最适合做调味茶、冰红茶和奶茶。

红茶可以帮助胃肠消化、促进食欲，可利尿、消除水肿，并强壮心脏功能。在预防疾病方面，红茶的抗菌能力强，用红茶漱口可预防滤过性病毒引起的感冒，并预防蛀牙与食物中毒，饮用红茶可降低血糖值与高血压。美国心脏学会曾经得出红茶是“富含能消除自由基，具有抗酸化作用的黄酮类化合物的饮料之一，能够使心肌梗塞的发病率降低”的结论。

红茶有暖胃祛寒的作用，一般人均可饮用，适宜高血压、高血脂、冠心病、动脉硬化、糖尿病、油腻食品食用过多的人群以及醉酒者。但发热、肾功能不全、心血管疾病、习惯性便秘、消化道溃疡、神经微弱、失眠的人及孕妇、哺乳期妇女、儿童不宜饮用。需要注意的是，不要用茶水送服药物；服药前后 1 小时内不要饮茶。人参、西洋参不宜与茶同时食用。饭前不宜饮茶，饭后忌立刻喝茶，少女忌喝浓茶。红茶的冲泡时间不宜过长，不宜用保温杯泡茶。饮茶不宜过浓，隔夜茶勿饮。

三、黄茶及其功效

黄茶是一种与绿茶的加工工艺略有不同的茶，多了一道焖堆渥黄工序。焖堆后，叶已变黄，再经干燥制成，黄茶浸泡后是黄汤黄叶。

黄茶是我国特产。其按鲜叶老嫩又分为黄小茶和黄大茶。如蒙顶黄芽、君山银针、沩山毛尖、平阳黄汤等均属于黄小茶；而安徽皖西金寨、霍山，湖北英山所产的一些黄茶则为黄大茶。黄茶的特点是“黄叶黄汤”。湖南岳阳为中国黄茶之乡。

黄茶是沤茶，在沤的过程中，会产生大量的消化酶，对脾胃非常有好处。消化不良、食欲不振、懒动肥胖都可饮而化之。

黄茶中富含茶多酚、氨基酸、可溶糖、维生素等营养物质，对防治食道癌有明显功效。此外，黄茶鲜叶中天然物质保留有 85% 以上，而这些物质对防癌、抗癌、杀菌、消炎均有特殊效果。

四、白茶及其功效

白茶是一种轻微发酵茶，选用白毫较多的芽叶，以不经揉炒的特异精细的方法加工而成。白茶的鲜叶要求“三白”，即嫩芽及两片嫩叶均有白

毫显露。成茶满披茸毛，色白如银，故名白茶。白茶因茶树品种、采摘的标准不同，分为芽茶（如白毫银针）和叶茶（如贡眉）。采用单芽为原料加工而成的为芽茶，称为银针；采用完整的一芽两叶，叶背具有浓密的白色茸毛加工而成的为叶芽，称为白牡丹（大白茶品种树，以采自春茶第一轮嫩梢者品质为佳）。

白茶的制作工艺很特别，也是最自然的做法，它不炒不揉，既不像绿茶那样抑制茶多酚氧化，也不像红茶那样促进茶多酚氧化，而是把采下的新鲜茶叶，薄薄地摊放在竹席上置于微弱的阳光下，或置于通风透光效果好的室内，让其自然萎凋。晾晒至七八成干时，再用文火慢慢烘干即可。其制作过程简单，以最少的工序进行加工，因此，白茶在很大程度上保留了茶叶中的营养成分。在白茶原产地的百姓自古就有用白茶下火，以清热毒，消炎症，发汗去湿避暑，治风火牙疼、高烧麻疹等。

白茶具有三抗（抗辐射、抗氧化、抗肿瘤）和三降（降血压、降血脂、降血糖）的保健功效，同时还有养心、养肝、养目、养神、养气、养颜的养身功效。

五、青茶及其功效

乌龙茶，属于青茶、半发酵茶，是中国几大茶类中，独具鲜明特色的茶叶品种。乌龙茶和绿茶是由同一种茶树生产出来的，两者最大的差别在于有没有经过发酵这个过程。因为茶叶中的儿茶素会随着发酵温度的升高而相互结合，致使茶的颜色变深，但因此茶的涩味也会变淡。

乌龙茶的种类有：安溪铁观音、台湾冻顶乌龙、花一堂金观音、武夷岩茶、武夷肉桂、闽北水仙、白毛猴、八角亭龙须茶、黄金桂、永春佛手、安溪色种、凤凰水仙、台湾包种、大红袍、铁罗汉、白冠鸡、水金龟等。

乌龙茶作为我国特种名茶，经现代国内外科学研究证实，其除了与一般茶叶一样具有提神益思、消除疲劳、生津利尿、解热防暑、杀菌消炎、祛寒解酒、解毒防病、消食去腻、减肥健美等保健功能外，还其具有防癌症、降血脂、抗衰老等特殊功效。除此之外，乌龙茶还具有养颜、排毒、利便、抗氧化、消除细胞中的活性氧分子等功效。

六、黑茶及其功效

黑茶采用的原料较粗老，是压制紧压茶的主要原料。正因为黑茶的原料比较粗老，制造过程中往往要堆积发酵较长时间，所以叶片大多呈现暗褐色，被人们称为黑茶，属于全发酵茶。其主产区为四川、云南、湖北、湖南等地。

黑茶按照产区的不同和工艺上的差别，可以分为湖南黑茶、湖北老青茶、四川边茶和滇桂黑茶等，主要品种有湖南黑茶、湖北佬扁茶、四川边茶、广西六堡散茶和云南普洱茶等。

古樹喬木茶
羽桐文化私家藏茶

心無罣礙
無罣礙故
無有恐怖
遠離顛倒夢想

黑茶在原料选用、加工工艺等方面有别于其他茶，从而导致黑茶的生化成分的组成和比例，及由此而产生的药理功能具有特殊性。

经过渥堆过程微生物的参与所形成的黑茶，因其内含成分与红茶、绿茶有极大差异，所表现的功能也不同。其在降血脂、降血压、降糖、减肥、预防心血管疾病、抗癌等方面具有显著功效。研究表明，黑茶的特殊保健功效与其含有较丰富的茶多酚有关。

七、日常生活中自制的药茶

日常生活中，只要在茶中加入一些常用的食用材料，即可制成治病保健的药茶。

（一）奶茶

【主治】老年人骨质疏松、精神疲惫、头晕眼花。

【配方】牛奶半瓶、红茶适量、白糖少许。

【服法】红茶加水熬成浓汁，加入牛奶一起煮沸，最后加糖搅匀即成。每日服一次，晨起空腹饮用为佳。

（二）蜂蜜茶

【主治】咽喉干燥，口渴喑哑，大便干结、艰涩难行。

【配方】绿茶、蜂蜜各适量。

【服法】绿茶浓汁中加入蜂蜜即成，常服。

（三）芹菜茶

【主治】高血压病初期、神经衰弱、血管硬化症等。

【配方】芹菜 500 克、绿茶适量。

【服法】芹菜加水熬取浓汁，菜汁泡茶，每日服一次。

（四）菊花茶

【主治】高血压病初期、肝火上炎的面红目赤症及风火外袭的红眼病。

【配方】菊花 10 克、绿茶适量。

【服法】开水冲泡，每日服一次。

（五）枸杞茶

【主治】头晕眼花、腰酸、口干。

【配方】绿茶、枸杞子各适量。

【服法】开水冲泡，每日服一次。

（六）山楂荷叶茶

【主治】高脂血症、单纯性肥胖、胆结石症、高凝血症。

【配方】食用山楂三枚、荷叶与绿茶适量。

【服法】山楂、荷叶浓熬，泡茶，每日服一次。

（七）橄榄茶

【主治】喉咙肿痛、咳嗽、咳血。

【配方】青橄榄三枚、绿茶适量。

【服法】开水冲泡，每日服一次。

（八）银杏叶茶

【主治】心绞痛、哮喘、脑血栓、大动脉炎等。

【配方】新鲜银杏叶 5 克、绿茶适量。

【服法】开水冲泡、每日服一次。

（九）生姜茶

【主治】风寒感冒头痛、恶寒、寒气入腹疼痛。

【配方】生姜、红茶各 5 克，红糖适量。

【服法】生姜加水浓熬取汁，汁水泡茶加糖，热服。

（十）橘皮茶

【主治】消化不良、胃腹胀满、便秘、痰多咳嗽。

【配方】新鲜橘皮一片、绿茶适量。

【服法】开水冲泡，每日服一次。

（十一）薄荷茶

【主治】风热外感之咽痛喑哑、头痛、咽痒、发热、微恶寒、便秘。

【配方】绿茶与薄荷适量、蜂蜜少许。

【服法】茶叶、薄荷开水同泡，加入蜂蜜，每日服一次。

（十二）玉米须茶

【主治】糖尿病、肾炎蛋白尿、黄疸型肝炎等。

【配方】新鲜玉米须 100 克（干者 50 克）、绿茶适量。

【服法】玉米须加水浓熬取汁，汁水冲泡茶叶，每日服 1 ～ 2 次。

（十三）桑白皮茶

【主治】糖尿病、流鼻血、咳嗽等。

【配方】桑白皮 30 克、绿茶适量。

【服法】桑白皮炙黄黑后，切细加水浓熬取汁，汁水冲泡绿茶，每日服一次。

（十四）芦根茶

【主治】热病后口渴思饮、咳嗽。

【配方】鲜芦根一支（干者 60 克），绿茶适量。

【服法】芦根熬浓汁，冲茶服。

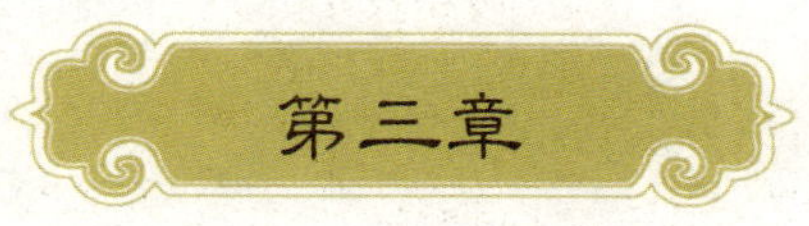

第三章 科学饮茶

第一节 科学饮茶的方法

科学饮茶要根据季节变化、早晚的时间而定,同时需要注意茶叶的用量、用水、器皿、水温及冲泡的时间和次数等。

一、根据季节饮茶

春季,可以喝香气浓郁的花茶。因为花茶的香气具有很强的散发作用,可散发冬天积在体内的寒邪,且浓郁的香味能使阳气逐渐升发。

夏季,是喝绿茶的季节。绿茶性寒苦,其营养作用在诸茶中是最佳的,夏天喝可以清热、消暑、解毒、止渴、强心。因此,夏天饮用绿茶最为合适。

秋季,可饮青茶。因青茶的茶性介于红茶和绿茶之间,不寒不热,并兼具红茶、绿茶各自的功能,能消除体内的余热,恢复津液。铁观音与武夷岩茶是秋季很不错的选择。

冬季,以喝红茶为宜。红茶味甘性温,和胃养肝,助人升阳,补身体,使人体强壮,因此特别适合老年人品用。冬天还适合喝熟普洱,熟普洱可以暖胃驱寒、消食化积。

当然，有人喜爱或习惯于一年四季只饮一种茶，如果适合人的体质，也是可以的。

二、根据时间早晚饮茶

人们饮茶，有的喜早饮，有的爱晚饮，有的全天都饮。

一般来说，早上起床后即饮早茶，可以提神醒脑，但须边饮边用早点，不宜空腹饮太多的浓茶。

之后，茶可随时添水，这样到午睡前，茶就很淡了，不致影响午休。

下午如果继续饮茶，可以重沏，使精神焕发，以后边饮边加水，到晚上时就不必再沏，以利安睡，这对年老者较为适合。如果晚上沏茶，注意一定不可过浓。

三、茶的用量

泡好一杯茶或一壶茶，首先要掌握茶叶用量。每次茶叶用多少，并没有统一标准，主要根据茶叶种类、茶具大小及个人的饮用习惯而定。

茶叶种类繁多，茶类不同，用量各异。若冲泡一般红茶、绿茶，茶与水的比例，大致掌握在 1 ：（50 ～ 60），即每杯放 3 克左右的干茶，加入沸水 150 ～ 200 毫升。若饮用普洱茶，每杯放 5 ～ 10 克干茶。若用茶壶，则按容量大小适当掌握。茶叶用量最多的是乌龙茶，每次投入量几乎为茶壶容积的 1/2，甚至更多。

茶叶用量与个人的饮用习惯也有密切关系。在西藏、新疆、青海和内蒙古等少数民族地区，人们以肉食为主，当地又缺少蔬菜，因此茶叶成为生理上的必需品。他们普遍喜饮浓茶，并在茶中加糖、加奶或加盐，故每次茶叶用量较多。华北和东北广大地区人民喜饮花茶，通常用较大的茶壶泡茶，茶叶用量较少。长江中下游地区的人们主要饮用绿茶或龙井、毛峰等名优茶，一般用较小的瓷杯或玻璃杯，每次用量也不多。福建、广东、台湾等地区，人们喜饮工夫茶。茶具虽小，但茶叶用量较多。

茶叶用量还与人的年龄结构及饮茶历史有关。中老年人往往饮茶年限长，喜喝较浓的茶，故用量较多；年轻人初学饮茶的多，普遍喜爱较淡的茶，故用量较少。

虽然茶叶中含有多种维生素和氨基酸，饮茶对于清油解腻，增强神经兴奋以及消食利尿具有一定的作用，但并不是喝得越多越好，也不是所有的人都适合饮茶。一般来说，建议每日饮茶 2 ～ 6 克，每天 1 ～ 2 次，每次 2 ～ 3 克是比较适当的。

四、用水

水之于茶，犹如水之于鱼，“鱼得水活跃，茶得水更有其香、有其色、有其味”。选择泡茶用水，必须了解水的硬度和茶汤品质的关系。

天然水可分硬水和软水。含有较多量的钙、镁离子的水称为硬水；不含或只含少量的钙、镁离子的水称为软水。如果水的硬性是由碳酸氢钙或碳酸氢镁引起，称为暂时硬水。暂时硬水经过煮沸，所含碳酸氢盐就分解成不溶性碳酸盐，这样硬水变成软水。平时用铝壶烧水，壶底的白色沉淀物，就是碳酸盐。

水的硬度会影响水的 pH 值（酸碱度），而 pH 值又影响茶汤色泽。当 pH 值大于 5 时，茶汤色泽加深，当 pH 值达到 7 时茶黄素就会自动氧化而损失。水的硬度会影响茶叶有效成分的溶解度。软水中含其他溶质少，茶叶有效成分的溶解度高，故茶味浓；而硬水含有较多量的钙、镁离子，茶叶有效成分的溶解度低，故茶味淡。如水中铁离子含量高，茶汤会变成黑褐色，这是茶叶中的多酚类物质与铁作用的结果。所以泡茶用水以软水、暂时硬水为佳。在天然水中，雨水和雪水属于软水，泉水、溪水、江河水属于暂时硬水，部分地下水属于硬水，蒸馏水为人工加工而成，是软水。

软水沏茶，色、香、味俱佳，硬水泡茶，茶汤易变色，香、味也会大受影响。水的轻重还包括水中所含的矿物质成分的多少以及酸碱度，含铁、碱物质较多的水泡茶，茶汤会飘起一层“锈油”，出现混浊并有沉淀物。水的酸度大，泡出的茶色就会深，甚至暗黑。所以建议选用软水泡茶。

目前，多数人泡茶是用煮沸的自来水泡茶，但自来水含有氯气等，在水管中滞留的时间较久，还含有较多的铁质。最好用无污染的容器，先贮存一天，待氯气散发后再煮沸沏茶，或者采用净水器将水净化，这样就可成为较好的沏茶用水。

现代科学的进步，采用多层过滤和超滤、反渗透技术，可以将一般的饮用水变成不含有任何杂质的纯净水，并使水的酸碱度达到中性。用这种水泡茶，不但因为净度好、透明度高，沏出的茶汤晶莹透澈，而且香气滋味纯正，无异杂味，鲜醇爽口。市面上纯净水品牌很多，大多数都宜泡茶。除纯净水外，还有质地优良的矿泉水也是较好的泡茶用水。

五、器皿

根据茶类不同，所选器皿也不同。冲泡花茶，一般常用较大的瓷壶，然后斟入瓷杯饮用。炒青或烘青绿茶，多用有盖瓷杯泡茶。乌龙茶宜用紫砂茶具冲泡。西湖龙井、君山银针、洞庭碧螺春则选用无色透明玻璃杯冲泡最为理想。品茗绿茶类，不论用何种茶杯，均宜小不宜大。用大杯则水量多，热量大，容易使茶叶烫熟，影响茶汤的色、香、味。

六、水温

泡茶烧水，要大火急沸，不要文火慢煮。以刚煮沸起泡为宜，将软水煮沸泡茶，茶汤香味较佳。如水沸腾过久，即古人所称“水老”。此时，溶于水中的二氧化碳挥发殆尽，茶叶的鲜活味即丧失。

泡茶水温的掌握，主要依泡何种茶而定。

绿茶，一般不能用 100 摄氏度的沸水冲泡，应用 80 ～ 90 摄氏度的水为宜（水要到沸点后，再冷却至所需的温度）。茶叶愈嫩绿，冲泡水温则愈低，这样茶汤才会鲜活明亮，滋味爽口，维生素 C 也破坏较少。在高温下，茶汤颜色较深，维生素 C 大量破坏，滋味较苦（茶中咖啡因容易浸出），也就是说把茶叶“烫熟”了。

泡饮各种花茶、红茶和中、低档绿茶，则要用 100 摄氏度的沸水冲泡。若水温低，则渗透性差，茶中有效成分浸出较少，茶味淡薄。泡饮乌龙茶、普洱茶和花茶，每次茶叶用量较多，而且茶叶较老，必须用 100 摄氏度的沸水冲泡。有时，为了保持和提高水温，还要在冲泡前用开水烫热茶具，冲泡后在壶外淋开水。少数民族饮用砖茶，则要求水温更高，将砖茶敲碎，放在锅中熬煮。

一般来说，泡茶水温与茶叶中有效物质在水中的溶解度呈正相关关系，水温愈高，溶解度愈大，茶汤就愈浓；反之，水温愈低，溶解度愈小，茶汤就愈淡。一般 60 摄氏度温水的浸出量只相当于 100 摄氏度沸水浸出量的 45% ～ 65%。

七、茶的冲泡时间与次数

茶叶冲泡的时间和次数，差异很大，与茶叶种类、泡茶水温、用茶数量和饮茶习惯等都有关系，不可一概而论。

如用茶杯泡饮一般红茶、绿茶，每杯放干茶 3 克左右，用沸水约 200 毫升冲泡，加盖 4 ～ 5 分钟后，便可饮用。这种泡法的缺点是：水温过高，容易烫熟茶叶（主要指绿茶）；水温较低，则难以泡出茶味；而且因水量多，往往一时喝不完，浸泡过久，茶汤变冷，色、香、味均受影响。

如饮用颗粒细小、揉捻充分的红碎茶与绿碎茶，用沸水冲泡 3 ～ 5 分钟后，其有效成分大部分浸出，便可一次快速饮用。饮用速溶茶，也是采用一次冲泡法。

品饮乌龙茶多用小型紫砂壶。在茶叶用量较多（约半壶）的情况下，第一泡 1 分钟就要倒出来，第二泡 1 分 15 秒钟，第三泡 1 分 40 秒钟，第四泡 2 分 15 秒钟。也就是从第二泡开始要逐渐增加冲泡时间，这样前后茶汤浓度才比较均匀。

泡茶水温的高低和用茶数量，也影响冲泡时间的长短。水温高，用茶多，冲泡时间宜短；水温低，用茶少，冲泡时间宜长。冲泡时间以茶汤浓度适合饮用者的口味为标准。

茶叶的耐泡程度除与嫩度有关外，主要取决于茶叶加工的方法。初制过程中把茶叶切碎，茶汁就容易冲泡出来，粗、老、完整的茶叶，茶汁冲泡出来的速度较慢。

无论什么茶，第一次冲泡，浸出的量占可溶物总量的 50%～ 55%；第二次冲泡一般约占 30%；第三次为 10%左右；第四次只有 1%～ 3%了。从其营养成分（茶叶中的维生素和氨基酸等）看，第一次冲泡就有 80%的量被浸出，第二次冲泡时约 15%，第三次冲泡后，基本全部浸出。茶香气和滋味，第一泡茶香气浓郁，滋味鲜爽；第二泡茶虽浓郁，但味鲜爽不如第一泡；第三泡茶香气和滋味已淡乏；若再经冲泡则无滋味。

一般的红茶、绿茶和花茶，冲泡以三次为宜。乌龙茶在冲泡时投叶量大，茶叶粗老，可以多冲泡几次。以红碎茶为原料加工成的袋泡茶，通常适宜于一次性冲泡。一杯茶从早泡到晚的做法不可取。茶叶经过多次冲泡，能使一些难溶的有害物质（如某些极微量的残留农药）逐渐浸出，对人体有害。理想的泡饮方法是，每天上午一杯茶，下午一杯茶，既有新鲜感，又有茶香味。

八、喝茶时应注意的一些问题

在饮茶中应注意以下几点：

一是茶具要干净，尽量除去茶垢，因茶垢中含有有害物质，对身体极为不利；

二是饭后不宜立即饮茶，否则会冲淡胃液，有碍消化，可稍待一段时间后再饮用；

三是禁用霉变的茶叶，平时应注意保管好茶叶，不能受潮，不能与有异味的物品存放在一起。

妇女儿童饮茶要适度。为预防小孩龋齿，儿童可适当饮茶，但不要饮浓茶，更不要在晚上饮茶。大力提倡饭后用茶水漱口，这样对清洁口腔和预防龋齿有很好的效果。用于漱口的茶水可浓一些。

处于“三期”（经期、孕期、产期）的妇女最好少饮茶，或只饮淡茶、脱咖啡因茶等。茶叶中的多酚类会与身体内的铁离子发生络合反应，使铁离子失去活性，这容易使处于“三期”的妇女发生贫血。茶叶中含有的咖啡因对神经和心血管都有一定的刺激作用，这对处于“三期”的妇女自身身体的恢复及婴儿的生长也都有不良影响。

民间有《饮茶诀》："饭后茶消食，酒后茶解醉；午茶长精神，晚茶难入睡；姜茶治流感，醋茶治痢疾，奶茶健脾胃，糖茶能和胃；菊花茶明目，烫茶伤五内。空腹茶心里慌，隔夜茶伤脾胃；头道茶兴奋力大；三道茶收敛力强；过量饮茶人黄瘦，淡茶温饮保年岁。"李时珍在《本草纲目》也早就提供了指导——他认为"茶苦而寒，阴中之阴"，最能降火。而"火为百病"，火降则身体舒畅。但不同的人身上的"火"也有"虚实"之分，"少壮胃健之人，心肺脾胃之火多盛，故与茶相宜"；而"若虚寒及血弱之人，饮之既久，则脾胃恶寒，元气暗损"，甚至还会喝得"血不华色，黄卒萎弱"，造成种种内伤。他提醒，老年人消化功能有所减弱，饮茶时切记"淡茶温饮"。他解释说，古人称"淡茶温饮保年岁"，就是强调要饮淡茶、温茶才更有利于老年人的身体健康。

第二节　饮茶的"十误区"

古有谚语：开门七件事，柴、米、油、盐、酱、醋、茶。中国人对茶的青睐，由此可见一斑。近年来，有关茶能养生、抗衰老的研究频频见诸报端，这更使人们对喝茶的兴趣大增。但是，喜欢喝茶却不等于会喝。下面介绍饮茶中的"十误区"和注意事项。

误区一：茶越新鲜越好

新茶是指鲜叶炒制不足半个月的茶。相对来说，这种茶喝起来确实味道更好。不过，从中医理论讲，刚加工的茶叶存有火气，这种火气需存贮一段时间才会消失。因此，饮用过多新茶可使人上火。

另外，新茶中的茶多酚、咖啡因含量较高，容易对胃产生刺激作用，如果经常饮用新茶，有可能出现胃肠不适。胃不好的人，应少喝加工后存放不足半个月的新茶。另外，并非所有种类的茶都是新的比陈的好，比如黑茶、普洱茶等就需要适当陈化，品质也会更好。

误区二：饭后喝茶最好

饭后马上喝茶容易使茶叶中的茶多酚与食物中的铁质、蛋白质等产生络合反应，从而影响人体对铁质和蛋白质的吸收。饭前空腹喝茶会稀释胃液和影响胃液的分泌，不利于食物的消化。正确的方法是至少餐后半小时，最好一小时后再喝茶。

误区三：茶能醒酒

酒后喝茶有利有弊。

喝茶能加速体内酒精的分解,且其利尿作用可帮助分解后的物质排出，因此有助于解酒；但同时，这种加速分解会增加肝肾的负担。因此，肝肾不好的人最好不要用茶解酒，特别是不能在酒后喝浓茶。

误区四：睡前喝茶

茶叶中含有的咖啡因有兴奋中枢神经的作用。因此，睡前喝茶会影响睡眠。同时，咖啡因也是利尿剂，加上喝茶摄入大量水分，会增加夜间上厕所的次数，从而影响睡眠。但有些人认为喝普洱茶对睡眠的影响并不大。

误区五：茶叶要洗，头泡茶不能喝

头泡茶是否能喝取决于所泡为何种茶。

如果是黑茶或乌龙茶，可先用沸水快速洗一下，再把水倒掉，这既能起到洗茶作用，又能给茶加温，有利于茶香的散发。

但绿茶、红茶等，并不需要这道工序。

有些人可能担心茶叶上的农药残留，想通过洗茶去除。但很多茶叶在种植过程中使用的都是水不溶性农药，泡茶的茶汤并不会有农药残留。因此，有些人认为，从避免农药残留角度讲，洗茶没有必要。

误区六：泡茶要用沸水

高档的绿茶通常用 85 摄氏度左右的水来冲泡，过热的水易使茶汤鲜爽味下降。铁观音等乌龙茶最好用沸水泡，茶香更好；紧压黑茶如普洱饼茶也可以考虑煮茶，这样可以使普洱茶中特色的品质成分充分浸出。

误区七：泡茶盖盖味道香

泡花茶和乌龙茶时盖盖较易泡出茶香，泡绿茶时盖盖反而会影响到香气的纯正。

误区八：用纸杯或保温杯泡茶

纸杯内壁有一层蜡，溶解后会影响茶的味道。

保温杯为茶叶设置了一个高温、恒温的环境，这会使茶叶的颜色变黄、变深，味道变苦，出现水闷味，甚至有可能影响茶叶的养生价值。

外出时，最好先用茶壶沏好，然后待水温降低后再倒入保温杯中。

误区九：直接用烧开的自来水泡茶

不同地区，自来水的硬度存在较大差异。水质硬的自来水中，钙、镁等金属离子含量高，可跟茶叶中的茶多酚等成分产生络合反应，进而影响茶香、味道，以及茶叶的养生效果。相比较而言，软水泡茶的效果会更好。

误区十：喝茶后嚼茶渣助养生

一些人喝茶后会把茶渣咀嚼吃下去，因为茶叶中含有较多的胡萝卜素、粗纤维和其他营养物质。但从安全性上考虑，不建议使用这种方法。因为茶渣中也可能含有微量的铅、镉等重金属元素，以及水不溶性农药。如果吃茶渣，就会把这些有害物质摄入体内。茶叶有用来喝的，也有用来吃的。两者对水不溶性有害物质的限量要求是不同的。供饮用的茶，可使用水不溶性农药，泡喝不会影响健康，但嚼吃就会有潜在风险；供吃的茶，采用的标准更加严格。

第三节 饮茶“六忌”“八慎”与“八不宜”

一、饮茶“六忌”

（一）忌饭前饭后大量饮茶

饭前饭后 20 分钟左右不宜饮茶，否则会冲淡胃液，影响食物消化。

茶叶中含有大量鞣酸，鞣酸和荤腥食物中的蛋白质结合成具有收敛性的鞣酸蛋白质，使肠道蠕动减慢，易造成便秘。另外，空腹饮茶也会妨碍消化，甚至引起心悸、头痛、眼花、心烦等“茶醉”现象，严重的还会引起胃黏膜炎。正确的做法是：餐后一小时再喝茶，且不宜过浓。

（二）体弱、营养不良、贫血患者忌饮茶

茶叶有分解脂肪的功能，营养不良的人饮茶会使营养更加不良。茶叶中的鞣酸可以与食物中的铁元素发生反应，生成难以溶解的新物质，使体内得不到足够的铁，长期饮用则易引起人体缺铁，甚至诱发贫血症，故贫血患者不宜饮茶。

（三）尿结石患者忌饮茶

尿结石通常是草酸钙结石，由于茶含有草酸，会随尿液排泄的钙质而形成结石。尿结石患者大量饮茶，会加重病情。

（四）忌睡前饮茶

睡前 2 小时内最好不要饮茶，饮茶会使精神兴奋，影响睡眠甚至导致失眠，尤其是新采的绿茶，饮用后神经极易兴奋，失眠更严重。

（五）忌饮隔夜茶

饮茶以现泡现饮为好,因为茶水放久了不仅会失去维生素等营养成分，还易发馊变质，饮了易生病。即使是优质茶，泡好后若放置太久，茶汤也会因氧化和微生物繁殖而变质。平时要注意茶水放置时间不宜过长，特别是夏天，茶叶和茶汤的颜色有明显变化时，就不宜再饮。

（六）忌饮用变质茶

茶叶保管不妥，易因吸湿而霉变。变质的茶中含有大量对人体有害的物质和病菌，是绝对不能饮用的。另外，现代茶叶在种植、加工、包装的过程中难免会受到农药、化肥、尘土等物质的污染。

二、饮茶“八慎”

下列八种情况的特殊人群应该慎喝茶。

（一）溃疡病患者慎饮茶

饮茶可引起胃酸分泌量加大，增加对溃疡面的刺激，常饮浓茶会促使病情恶化。但轻微患者，可以在服药 2 小时后饮些淡茶，加糖红茶、加奶红茶有助于消炎和保护胃黏膜，对溃疡也有一定的作用。另外，饮茶也可以阻断体内亚硝基化合物的合成，防止癌突变。

（二）神经衰弱者慎饮茶

茶叶中的咖啡因有兴奋神经中枢的作用，神经衰弱者饮浓茶，尤其是在下午和晚上，会引起失眠，加重病情。若实在想喝，可在早上喝点淡茶。

（三）孕妇、哺乳期妇女慎饮茶，尤其不宜喝浓茶

茶叶中含有大量茶多酚、咖啡因等，对胎儿在母腹中的成长有许多不利因素，因此孕妇应少饮或不饮茶。若哺乳期饮浓茶，过多的咖啡因会进入乳汁，小孩吸乳后会间接产生兴奋，易引起少眠和多啼哭。

（四）醉酒者慎饮茶

茶叶有兴奋神经中枢的作用，醉酒后喝浓茶会加重心脏负担。茶有利尿作用，会使酒精中有毒的醛来不及分解就进入肾脏，对肾脏有较大的刺激性和危害性。因此，对心脏、肾脏生病或功能较差的人来说，酒后不要饮茶，尤其不能饮大量的浓茶；对身体健康的人来说，可以饮少量的茶，待清醒后进食大量水果或小口饮醋，以加快人体的新陈代谢，使酒醉症状得到缓解。

（五）慎用茶水送药

茶叶中的鞣酸、茶碱，可以和某些药物发生化学反应，特别是在服用催眠剂、镇静剂等药物和含铁补血药、酶制剂药、含蛋白质等药物时，因茶多酚易与其中的铁质发生作用而产生沉淀，不宜用茶水送药，以免影响药效。而中药人参、党参、元胡、曼陀罗、川牛膝、麻黄、钩藤、黄连等

也不宜与茶水混饮。一般认为，服中药 2 小时内不宜饮茶。

不过，在服用某些维生素类的药物时可用茶水送服，因为茶叶中的茶多酚可以促进维生素在人体内的积累和吸收，有助于增进药效。

（六）冠心病患者慎喝茶

茶中的咖啡因、茶碱都是兴奋剂，能增强心脏的机能，对于心率过快、早搏或心房纤颤的冠心病患者，大量喝浓茶会使心跳加快，往往会导致其发病或病情加重。因此这类人只能喝一些淡茶。与此相反，心率一般在 60 次 / 分钟以下的患者，可多喝一些茶，能提高心率，有配合药物治疗的作用。

（七）儿童慎喝浓茶

茶叶浓度大时，茶多酚的含量太多，易与食物中的铁发生作用引起儿童缺铁性贫血。学龄前儿童可以喝一些粗茶、淡茶，且茶的浓度最好控制在成人所喝浓度的 1/3 左右。

（八）老年人慎过量饮生绿茶

过量饮用绿茶对胃黏膜会造成很强的刺激，易产生胃痛。即便是强壮的青年人，喝太多绿茶也会觉得胃部不适，即通常所说的“刮胃”。老年人若误购了较生的绿茶，最好不要直接泡饮，可放在无油渍的铁锅中，用文火慢慢翻炒，烤去其生青气，待其发出轻度的栗香味后即可关火。经过上述处理的茶泡来喝才不至于太“刮胃”，但老年人消化功能有所减退，饮用时也要注意适量。

三、饮茶“八不宜”

以下八种茶不宜饮用：浓茶、冷茶、烫茶、霉变茶、串味茶、焦味茶、久泡茶和隔夜茶。

第四节　科学饮茶的基本原则

一、常饮 / 少饮

选择适合的饮茶时间。饮茶效果的好坏，在很大程度上取决于饮茶时间的掌握。饭后不宜马上饮茶，一般以饭后半小时以后饮茶为好；饭前半小时以内一般也不宜饮茶，以免茶叶中的酚类化合物等与食物营养成分发生不良反应。临睡前也不要喝茶，以免茶叶中的咖啡因使人兴奋，同时摄入过多水分引起夜间多尿，从而影响睡眠。当然，现在出现的脱咖啡因茶则不会有太大的影响。

何时饮茶也不可一概而论。一般来说，以解渴为目的的饮茶，渴了就饮，不必太刻意。若在进食过多肥腻食物后，马上饮茶也是可以的，因为这样可以促进脂肪排泄，消除胀饱不适及腻口等不良感觉。有口臭和爱吃辛辣食品的人，若在与人交谈前先喝一杯茶，则可减轻口臭。嗜烟的人，若能在吸烟的同时喝点茶，就可减轻尼古丁对人体的毒害。在看电视时也可饮茶，这样对消除电视荧屏辐射、保护视力有一定好处。脑力劳动者边工作边饮茶，可提神保健，并有利于提高工作效率。清晨起床洗漱后喝上一杯茶（不宜太浓），可以帮助清洗肠胃，补充水分，提神醒脑，对健康大有好处。

二、热饮 / 冷饮

饮茶水温要适宜。虽然现在的饮茶方式已多种多样，但最主要的还是传统的开水泡饮方式。用开水泡好茶水后，在什么温度下饮用为好，这个问题非常重要，但又常被人们忽视。

一方面，要避免烫饮，即不要在水温较高的情况下边吹边饮。因为过高的水温不但会烫伤口腔、咽喉及食管黏膜，而且长期的高温刺激还是导致口腔和食管肿瘤的一个诱因。在早期的饮茶与癌症发生率关系的流行病学调查中，曾发现有些地区的食管癌发生率与饮茶有一定的相关性，后来进一步的研究证明这是长期饮茶水温过高所造成的结果，而不是茶叶本身的问题。由此可见，饮茶水温过高是极其有害的。

另一方面，对于冷饮，则要视具体情况而定。对于老人及脾胃虚寒者，应当忌饮冷茶。因为茶叶本身性偏寒，加上冷饮其寒性得以加强，这对脾胃虚寒者会产生聚痰、伤脾胃等不良影响，对口腔、咽喉、肠等也会有副作用；但对于阳气旺盛、脾胃强健的年轻人而言，在暑天以消暑降温为目的饮凉茶是可取的。

总之，在一般情况下提倡热饮或温饮，避免烫饮和冷饮。

三、浓饮 / 淡饮

饮茶好处虽多，但也需适量。饮茶过度，特别是过量饮浓茶，对健康非常不利。因为茶中的生物碱将使中枢神经过于兴奋，心跳加快，增加心脏、肾脏的负担，若晚上饮用还会影响睡眠；过高浓度的咖啡因和多酚类等物质对肠胃产生强烈刺激，会抑制胃液分泌，影响消化功能。

根据人体对茶叶中药效成分和营养成分的合理需求，并考虑人体对水分的需求来判断，成年人每天饮茶的量以每天泡饮干茶 5 ～ 15 克为宜，这些茶的用水总量可控制在 400 ～ 800 毫升。这只是对普通人每天用茶总量的建议，具体还需考虑人的年龄、饮茶习惯、所处生活环境和自身健康状况等。如运动量大、消耗多、进食量大的人，或是以肉类为主食的，每天的饮茶量可高达 20 克左右。对于长期在缺少蔬菜、瓜果的海岛、高山、边疆等地区的人，饮茶量也可多一些，以弥补维生素等的不足。而对那些身体虚弱，或患有神经衰弱、缺铁性贫血、心率过快等疾病的人，一般应少饮甚至不饮茶。至于用茶来治疗某种疾病的，则应根据医生的建议合理饮用。

四、茶渣 / 隔夜茶

茶渣、过度冲泡或存放过久的茶汤中的重金属元素（如铅、镉等）对人体健康危害极大。由于这些元素的水溶性很小，绝大部分都残留在泡过的叶底中，如果吃掉这些泡过的茶叶（有些人有吃叶底的习惯），所有的重元素金属也就被吃进去了。一般人们只喝茶汤，所以重金属元素摄入过量的问题很少见。一些水溶性较小的农药残留的情况也是如此，不吃泡过的茶叶，可以减少农药残留物进入人体。

不喝冲泡次数过多或冲泡后存放时间过久的茶，这也是一个具有普遍意义的合理饮茶习惯。一杯茶经 3 次冲泡后，约有 90% 的可溶性成分已被浸出，以后再冲泡，进一步浸出的有效成分已十分有限，而一些对品质或健康不利的物质会浸出较多，这不利于身体健康。茶叶泡好后存放太久，会产生微生物污染，并造成微生物大量繁殖，在天气炎热的夏天尤其如此。

另外，长时间的浸泡，会使茶叶中的茶多酚、芳香物质、维生素、蛋白质等氧化变质或变性，同时一些对茶叶品质及人体健康不利的成分也会较多地浸出。

第五节　茶叶的储存

茶叶吸湿及吸味性强，很容易吸附空气中的水分及异味，若储存方法稍有不当，就会在短期内失去风味，而且愈是轻发酵、高清香的名贵茶叶，愈是难以保存。通常茶叶在存放一段时间后，香气、滋味、颜色会发生变化，原来的新茶叶味道消失，陈味渐露。因此，掌握茶叶的储存方法以保证茶叶的品质是生活中必不可少的。

一、茶叶储存的要点

茶叶很容易吸湿及吸收异味，因此应特别注意包装储存是否妥当，在包装上除要求美观、方便、卫生及保护产品，尚需要讲究储存期间的防潮及防止异味的污染，以确保茶叶品质。引起茶叶劣变的主要因素有光线、温度、茶叶水分含量、大气温度、氧气、微生物和异味污染。其中微生物引起的劣变受温度、水分、氧气等因子的影响，而异味污染则与储存环境有关。

因此，要防止茶叶劣变，必须对光线、温度、水分及氧气加以控制，包装材料必须选用能遮光者，如金属罐、铝箔积层袋等，氧气的去除可采用真空或充氮包装，亦可使用脱氧剂。茶叶储存方式依其储存空间温度的不同可分为常温储存和低温储存两种。因为茶叶的吸湿性颇强，无论采取何种储存方式，储存空间的相对湿度最好控制在 50% 以下，储存期间茶叶水分含量须保持在 5% 以下。

二、茶叶储藏的方法

根据茶叶的特性和造成茶叶陈化变质的原因，从理论上讲，茶叶的储藏保管以干燥（含水量在 6% 以下，最好是 3% ～ 4%）、冷藏（最好是 0 摄氏度）、无氧（抽成真空或充氮）和避光保存最为理想。但由于各种客观条件的限制，以上这些条件往往不可能兼备而有之。因此，在具体操作过程中，可抓住茶叶干燥这个必需的要求，根据现有条件设法延缓茶叶的陈化过程，再采取一些其他措施。

（一）铁罐储藏

用铁罐储存前，检查罐身与罐盖是否密闭，不能漏气。储存时，将干燥的茶叶装罐，罐要装实装严。这种方法采用方便，但不宜长期储存。

（二）热水瓶储藏

选用保暖性良好的热水瓶做盛具。将干燥的茶叶装入瓶内，装实装足，尽量减少空气存留量，瓶口用软木塞盖紧，塞缘涂白蜡封口，再裹以胶布。由于瓶内空气少，温度稳定，这种方法储存效果也较好，且简便易行。

（三）陶瓷坛储存

选用干燥、无异味、密闭的陶瓷坛一个，用牛皮纸把茶叶包好，分置于坛的四周，中间嵌放一袋生石灰，上面再放茶叶包，装满坛后，用棉花包紧。石灰每隔 1 ～ 2 个月更换一次。这种方法利用生石灰的吸湿性能，使茶叶不受潮，效果较好，能在较长时间内保持茶叶品质，特别是龙井、大红袍等一些名贵茶叶，采用此法尤为适宜。

（四）食品袋储藏

先用洁净无异味的白纸包好茶叶，再包上一张牛皮纸，然后装入一个无孔隙的塑料食品袋内，轻轻挤压，将袋内空气挤出，随即用细软绳子扎紧袋口，取另一个塑料食品袋，反套在第一个袋的外面，同样轻轻挤压，将袋内空气挤出，再用绳子扎紧袋口，最后把它放进干燥无味的密闭铁桶内。

（五）低温储藏法

将茶叶储存的环境保持在 5 摄氏度以下，也就是使用冷藏库或冷冻库保存茶叶，使用此法应注意：储存期 6 个月以内者，冷藏温度以维持 0 ～ 5 摄氏度最经济有效；储藏期超过半年者，以冷冻（－ 18 ～－ 10 摄氏度）较佳。储存以专用冷藏（冷冻）库最好，如必须与其他食物共冷藏（冻），则茶叶应妥善包装，完全密封以免吸附异味。冷藏（冷冻）库内要求空气循环良好，一次购买大量茶叶时，应先予小包（罐）分装，再放入冷藏（冷冻）库中，每次取出所需冲泡量，不宜将同一包茶反复冷冻、解冻。从冷藏（冷冻）库内取出茶叶时，应先让茶罐内茶叶温度回升至与室温相近，才可取出茶叶，否则骤然打开茶罐，茶叶容易凝结水汽增加含水量，使未泡完的茶叶加速劣变。

（六）木炭密封的储藏

利用木炭极能吸潮的特性来储藏茶叶。先将木炭烧燃，立即用火盆或铁锅覆盖，使其熄灭，待晾冷后用干净布将木炭包裹起来，放于盛茶叶的瓦缸中间。缸内木炭要根据受潮情况，及时更换。

（七）干燥剂储藏

使用干燥剂，可使茶叶的储存时间延长到一年左右。选用干燥剂的种类，可依茶类和取材方便而定。储存绿茶，可用块状未潮解的石灰；储存红茶和花茶，可用干燥的木炭；有条件者，也可用变色硅胶。

用生石灰保存茶叶时，可先将散装茶用薄质牛皮纸包好（以几两到半斤成包），捆牢，分层环列于干燥而无味的完好的坛子或无锈无味的小口铁筒四周，在坛子和铁筒中间放一袋或数袋未风化的生石灰，上面再放茶叶数小包，然后用牛皮纸、棉花垫堵塞坛或筒口，再盖紧盖子，置于干燥处储藏。一般每隔 1 ～ 2 个月换一次石灰，只要按时更换石灰，茶叶就不会吸潮变质。木炭储茶法，与生石灰法类似，不再赘述。

（八）变色硅胶储藏

变色硅胶干燥剂储藏法，与生石灰、木炭法类同，但其防潮效果更好。一般储存半年后，茶叶仍然保持其新鲜度。变色硅胶未吸潮前是蓝色的，当干燥剂颗粒由蓝色变成半透明粉红色时，表示吸收的水分已达到饱和状态，此时必须将其取出，放在微火上烘焙或放在阳光下晾晒，直到恢复至蓝色时，便可继续使用。

三、各类茶叶的储存

茶叶应根据茶类进行储存。

高山茶、乌龙茶、包种茶、龙井茶、碧螺春、白毫银针、东方美人等绿茶类或轻焙火茶，应选择密封度好的茶叶罐、铝箔袋、脱氧真空包装，或者选择 PC 塑胶真空罐、马口铁罐、不锈钢罐、锡材质制的茶叶罐，避免阳光直射，效果较佳，还可防潮，避免茶叶变质走味。一般轻焙火、香气重的茶叶因含有轻微水分会产生发酵，建议尽快泡完，短时间喝不完，可将茶叶密封，存放于冰箱中冷藏低温保鲜储藏。

另外，则是武夷岩茶、铁观音、陈年老茶等重焙火或普洱各种茶类。重焙火茶储存时，要先把茶叶的水分烘焙干一点，利于茶叶久放不变质，如要让茶叶回稳消其火味，用瓷罐或陶罐都是很好的选择。普洱茶类如用陶罐、瓷罐储存，切记不要盖盖子，罐口用布盖上，使其通风。因为普洱茶类属于后发酵茶，需借由空气中的水分来发酵，自然陈化，放得越久其滋味就会变得更柔和、汤色鲜红明亮、入口滑顺、生津回甘。茶叶罐应放在阴凉通风处，保持干燥，避免阳光直射，不要储放在有异味的储存柜或是跟有气味的东西一起储放，避免吸入异味。

四、茶叶的保质期

茶叶本质上是一种农产品，有一定的保质期。过期、变质的茶是不能食用或饮用的。

茶叶的保质期与茶叶的品质有关，不同的茶叶保质期也不一样。像普洱茶、黑茶需要陈化，保质期可达 10 ～ 20 年，甚至更长；又如武夷岩茶，隔年陈茶反而香气馥郁、滋味醇厚；再如湖南的黑茶、湖北的茯砖茶、广西的六堡茶等，只要存放得当，不仅不会变质，反而能提高茶叶品质。

通常，密封包装的茶叶保质期是 12 ～ 24 个月不等。散装茶叶保质期更短，因为散装摆放在外的过程中会吸潮、吸异味，这样不仅使茶叶丧失原茶风味，还更容易变质。影响茶叶品质的因素主要有温度、光线、湿度。如果存储方法得当，降低或消除这些因素，则茶叶可保存更长时间。

茶叶是否过期，主要从以下三个方面判断：一是看茶叶是否发霉或出现陈味；二是看茶汤颜色，比如绿茶是否变红，汤色是否变褐、变暗；三是品滋味，主要看茶汤的浓度、收敛性和鲜爽度。

第四章

茶食品与健康

第一节　茶食品的概念与历史

茶食品是含茶食品的总称。在食品加工时，加入适量茶叶或茶叶提取物，使食品含有茶叶的特殊风味，并能发挥茶叶中有效成分的生理调节功能。

在中国，以茶入餐，古来有之。《诗经·七月》云：“采茶薪樗，食我农夫。”壶居士《食忌》曰：“苦茶，久食羽化。”唐代储光羲《吃茗粥作》曰：“淹留膳茶粥，共我饭蕨薇。”元代有一种“玉磨茶”，用紫笋茶和炒米混合后磨成粉，调拌食用；还有“枸杞茶”，用枸杞和雀舌茶碾成细末后拌以酥油，用温酒调食。紫笋茶和雀舌茶都是我国古代名优茶，元代人将其加工成含茶的食品。清朝时，乾隆皇帝也曾多次在杭州品尝龙井虾仁。云南基诺族至今仍然保留着吃凉拌茶的习俗。可见，我国食用茶叶的历史非常悠久。

中国茶食品的历史，大致经历了如下几个阶段：先秦时期的原始阶段，以食用茶原汁原味的煮羹为特征；汉魏晋与南北朝时期的发展阶段，以用茶来掺和作料调味，与食物共煮饮用为特征；隋唐宋时期的成熟阶段，以茶饮与茶食相佐为特征；元明清时期的兴盛阶段，以将茶作为调味品，制作各种具有茶风味的食品为特征；现代社会是茶食品的黄金时期，以讲究茶餐品味的科学性、追求丰富多样的艺术情调为特征，形成了独树一帜的茶餐文化。

第二节　现代茶食品

相对于一般食品而言，茶食品是一类创新性的食品。茶叶中含有多种功能性营养成分，具体可以分为水溶性与脂溶性两类。传统的泡茶方式，只能摄取茶中的水溶性营养成分，约有 65% 的脂溶性营养成分无法被人体吸收，最终留在了茶渣中。茶制品则是通过现代加工技术，把茶叶中的各种营养物质与传统食品相结合而制成的。人们通过使用茶食品，可以充分摄取茶叶中的营养物质，从而达到保健、防病、治病的功效。

茶食品也倡导了一种从喝茶到吃茶的新型消费文化，为人们增加了一种更为便捷、高效、健康的茶消费方式。茶食品保留甚至提升了原茶浓郁的香味和良好的口感，在一定程度上延续和拓展了传统饮茶方式的文化内涵。

用于茶食品生产的原料主要有以下三大类。

第一类是干茶原汁。将干茶用 10 ～ 12 倍的沸水提取水溶物质，得到浓度 1% ～ 2% 的茶汁；在 60 ～ 70 摄氏度条件下第一次真空减压浓缩，浓缩比为 1 ∶ 4，得到 6% 左右的浓缩液；再经第二次和第三次真空减压浓缩，得到浓度 40% 左右的茶汁。

第二类是鲜叶原汁。茶叶经杀青后粗粉碎和细切，将碎叶装入布袋，置于立式压榨机下榨汁，直到榨不出茶汁为止；接着加沸水再榨两次；经真空低温浓缩后可得浓度40%左右的茶叶原汁。

第三类是茶精粉，选用各类干茶或现茶做原料，经超细微粉碎机粉碎成细粉末即可备用。

茶食品主要包括茶菜肴、茶主食、茶零食和茶饮料等。

一、茶菜肴

《黄帝内经》中说："……五谷为养，五果为助，五畜为益，五菜为充，气味合而服之，以补精益气。"说明药食同源，药补与食补具有一定的相互关系。茶叶富有色、香、味、形四大特点，能饮用，能调和滋味，增加色彩，又具有药理成分，所以茶菜肴一般都具有双重功效，既可增进食欲、解除饥饿，又能防治某些疾病和增强人体健康。

宋代大文豪苏轼在《次韵曹辅寄壑源试焙新茶》中说道："从来佳茗似佳人。"绿茶不但茶形娟秀、茶色碧绿澄清，而且茶味醇和鲜灵，有着清新幽远的茶香。因此，直接用绿茶的叶来做菜是最合适不过的了。如毛峰石榴球一菜，便是用虎跑泉的泉水冲泡的雁荡毛峰绿茶精制而成。

茶菜肴主要是将茶叶作为主料或辅料烹调而成。茶菜肴中茶的味道与菜的本味相辅相成，色泽鲜艳能增加食欲，还可以起到降火、利尿、提神、去腻等作用，具有增加营养、促进消化和防治疾病等功效。知名的茶菜肴包括色鲜味美的祁门红茶鸡丁、别具风味的东方美人茶酒、茶香四溢的碧螺春比萨、清新美观的香茶沙拉、营养爽口的冻顶乌龙茶豆腐和清新可口的茶元宝等。我国江浙地区采用西湖龙井茶制成的龙井虾仁，用碧螺春茶制成的碧螺春虾仁，别具一番风味。

名闻天下的龙井虾仁的做法是，将虾去壳挤出虾肉，将虾肉盛入小竹箩，用清水反复洗至虾仁雪白，盛入碗内，放入精盐和鸡蛋清，用筷子轻轻搅拌至有黏性时加入湿淀粉，加味精，拌匀，静置 1 小时，使调料渗入虾仁，待用。将龙井茶用 50 毫升沸水冲泡，1 分钟后，弃茶汤 30 毫升，茶叶及剩汁待用。将炒锅置中火上烧热，滑锅后下猪油，至四成熟时，倒入虾仁，迅速用筷子划散，待虾仁呈玉白色，倒入漏勺沥去猪油，暗葱炝锅（用葱炒油锅，用时去葱，留其葱香而不见葱），再将虾仁倒入油锅，迅速把茶叶及汁一同倒入，烹入绍兴料酒，抖动几下，出锅装盘，即成一盘虾仁玉白、鲜嫩，茶叶碧绿、清香，色泽雅丽，风味独特的龙井虾仁。

二、茶主食

茶主食主要是在原有主食的基础上加入茶的成分再加工而成。

茶主食主要有茶饭、茶粥、茶面条、茶面包、茶饺子、茶汤圆、茶月饼等。茶饭、茶粥的做法是用水冲泡茶叶得到茶汤，再用茶汤来煮饭、煮粥。茶面包是取茶叶泡成的浓茶水和面，发酵制成的面包，芳香可口、风味独特，比普通面包疏松。茶饺子则是在肉馅中掺入乌龙茶包制作而成的。清香爽口是各类茶主食的主要特色。

三、茶零食

茶零食是把茶与其他食材融合在一起而制成的食品，如茶瓜子、茶糖果、茶果冻、茶冰淇淋、茶果脯、茶巧克力等。

茶瓜子主要以绿茶和南瓜子为原料制成，具有排毒养颜、润肠、健胃、预防冠心病等功效。绿茶瓜子还有很好的杀灭人体内寄生虫（如蛲虫、钩虫等）的作用。对血吸虫幼虫也具有很好的杀灭作用。美国研究发现，每天吃上50克左右的绿茶瓜子，可有效地防治前列腺疾病。这是由于前列腺的分泌激素功能要依靠脂肪酸，而绿茶瓜子就富含脂肪酸，可使前列腺保持良好功能。其所含的活性成分可消除前列腺炎初期的肿胀，同时还有预防前列腺癌的作用。绿茶瓜子含有丰富的泛酸，这种物质可以缓解静止性心绞痛，并有降压的作用。

茶糖果的加工方法与常规糖果制法相同，其根据原料茶叶类型不同可分为以下三类：第一类是以茶叶粉为主要原料制成的，茶粉呈微粒状分布于糖果之中，茶味浓厚。第二类是以浓缩茶汤为主要原料制成的，亮度和口感非常好，但略带苦涩味。第三类是以速溶茶为原料制成的，色、香、味较佳，成本也较高。

茶果冻是将茶粉经过高温灭菌后，与洋菜粉、海藻粉、果胶、糖、盐及各种维生素、矿物质、调味品等进行充分掺和搅拌，再加入冻胶催化剂制成的。茶果冻茶味明显、芳香味醇，润滑可口，提神开胃。

茶冰淇淋是在过滤后的茶汁中加入鸡蛋、奶粉、稳定剂和砂糖，经巴氏灭菌、冷却、老化，再经凝冻成型，硬化而成。茶冰淇淋不但可消暑解渴，而且色泽鲜艳，口感清新，并具丰富营养和保健功能。

茶果脯是将粗老茶叶的茶汁与各种水果混在一起制成的果脯，制法与一般果脯相同，以乌龙茶、红茶和花茶制成的果脯为佳。

茶巧克力一般是用抹茶与巧克力制作而成，分为生抹茶巧克力与熟抹茶巧克力。生抹茶巧克力是刚做好的巧克力，在还没有干硬之前，放在盛有抹茶的容器里翻滚，让巧克力表面粘上足量的抹茶。这样的巧克力，里面可以是各种不同的颜色，外面是绿色的。熟抹茶巧克力是在做巧克力的同时，把抹茶溶解入巧克力原料中，这样的巧克力整体是绿色的。抹茶巧克力具有促进生长、发育，增强免疫力，护眼明目等功效。

四、茶饮料

茶饮料是指用水浸泡茶叶，经抽提、过滤、澄清等工艺制成的茶汤或在茶汤中加入糖液、酸味剂、食用香精、果汁、植物或谷物抽提液等调制加工而成的制品。茶饮料还可指以茶叶的萃取液、茶粉、浓缩液为主要原料加工而成的饮料，具有茶叶的独特风味，含有天然茶多酚、咖啡因等茶叶有效成分，兼有营养、保健功效，是清凉解渴的多功能饮料。

茶饮料按其原辅料不同分为茶汤饮料和调味茶饮料。茶汤饮料又分为浓茶型和淡茶型，调味茶饮料还可分为果味茶饮料、果汁茶饮料、碳酸茶饮料、奶味茶饮料及其他茶饮料。

按中华人民共和国国家标准《饮料通则》（GB 10789—2007）和有关规定，茶汤饮料是指以茶叶的水提取液或其浓缩液、速溶茶粉为原料，经加工制成的，保持原茶类应有风味的茶饮料；果汁茶饮料是指在茶汤中加入水、原果汁（或浓缩果汁）、糖液、酸味剂等调制而成的制品，成品中原果汁含量不低于5.0%；果味茶饮料是指在茶汤中加入水、食用香精、糖液、酸味剂等调制而成的制品；碳酸茶饮料是指在茶汤中加入水、糖液等经调味后充入二氧化碳的制品；奶味茶饮料是指在茶汤中加入水、鲜乳或乳制品、糖液等调制而成的茶饮料。

茶饮料的制作工艺，一般来讲分为四部分，即萃取、调配、充填与包装，在萃取段要根据不同的茶叶品种设置不同的萃取条件，此处不详述。

区别茶饮料和调味茶饮料主要看茶多酚的含量。在茶饮料国家标准中对茶多酚作出了严格规定：要求茶饮料中茶多酚的含量应为 300 毫克 / 千克，其中绿茶的茶多酚含量应为 500 毫克 / 千克，乌龙茶的茶多酚含量应为 400 毫克 / 千克；调味茶饮料如果味型茶饮料，仅要求茶多酚含量为 200 毫克 / 千克；茶多酚含量低于这个标准，则只能被归为茶味饮料类。

茶饮料在任何一道工序都可能损害或改变茶叶的天然成分。经工业化生产的茶饮料，茶多酚、维生素 C 等茶叶的主要营养成分都有所降低。茶多酚易与香精中的生物碱发生化学反应，从而影响茶饮料的色泽，因此在生产过程中，往往要处理掉一定的茶多酚。因为茶多酚是茶叶中具有保健功能的主要成分，而茶饮料中往往会去掉一部分茶多酚，使其保健功效大打折扣，所以，从功效上讲，传统茶叶更为健康。

常见的茶饮料包括茶可乐、茶汽水、茶酒、绿茶奶茶和绿茶酸奶等。

茶可乐的主要原料为水、碳酸钠、食用糖、焦糖、柠檬酸钠、香精和浓茶汁。茶可乐具有茶叶风味，且具有消脂解渴的保健功效。

茶汽水的主要原料有茶汁、白糖、盐、增酸剂、碳酸钙、防腐剂、水等。其加工工艺与常规汽水类似，且茶香明显，芳香可口，清凉解渴。

茶酒属于低度酒，其制法与果汁酒基本相同，不同的是不勾兑果汁，而是勾兑一定比例的高浓度红茶汁。

喜爱绿茶的日本人很早就将浓醇味厚的欧式奶茶与抹茶相结合，做出了清新怡人的风味绿茶奶茶。中国市场上最近几年也开始流行起绿茶奶茶。因其特有的香气和鲜艳的颜色，以及减肥美容等多重功效，尤为女性青睐。

酸奶是一种具有营养价值和特殊风味的饮料，它比牛奶更易被人体吸收。酸奶中含有多种营养成分，而茶叶中含有的茶多酚、氨基酸、咖啡因是酸奶不具有的，将超微绿茶粉添加到酸奶中，提高了酸奶的食疗价值。绿茶酸奶是一种新型的保健型饮料，需注意的是，茶粉的加入有一定的抑菌作用，会减少一部分乳酸菌的数量。

茶食品顺应了人们对低热量、高营养、保健性、便捷性和多元化饮食的需求，其充分利用了茶叶所具备的“三降”（降血压、降血脂、降血糖）、“三消”（消炎、消毒、消臭）和“三抗”（抗辐射、抗氧化、抗肿瘤）等多种保健功能。随着消费者生活水平的提高和健康意识的增强，茶食品将会走进更多人的生活之中。

第三节　茶渣的应用

饮茶是很多中国家庭的习惯,饮茶的过程中也产生了大量的茶叶残渣。另外，速溶茶、茶饮料、茶多酚等产品迅速发展的同时，也产生了越来越多的茶渣。茶渣中仍然残留 1% ～ 2% 的茶多酚，17% ～ 19% 的粗蛋白，16% ～ 18% 的粗纤维，以及 1.5% ～ 2% 的赖氨酸，仍然具有很高的利用价值。下面将列出茶渣的日常应用。

一、美容美肌

茶渣可以用来美容。将茶渣在脸上轻揉 1 ～ 2 分钟，再用泡茶后的废茶叶水洗脸，1 ～ 2 分钟后，用清水洗净即可。绿茶能深层清洁肌肤，具有软化角质层、使肌肤细嫩美白的功效。收集饮茶后的茶渣，自然晾干后装入棉布袋中，系紧袋口后投入浴缸，浴后会感觉到肌肤柔和嫩滑。

二、消除黑眼圈

产生黑眼圈的主要原因在于睡眠不足、用眼过度、缺少维生素 B_{12} 等。用泡过的茶叶包敷眼是消除黑眼圈最简单有效的方法，既方便又省钱。

方法：用隔夜的茶包敷眼睛，可以有效缓解因熬夜、水肿等原因引起的暂时性黑眼圈、眼部水肿，令双眼焕发神采。另外，自己在家做眼膜时，先用温热的茶包敷在眼部，10 分钟后拿走茶包再敷眼膜，会加速眼部血液循环，更好地吸收眼膜营养，提升效果。

三、自制绿茶茶末面膜

茶末中所含的单宁酸成分可增加肌肤弹性，有助于润肤养颜。另外，除了美白皮肤，茶末还具有杀菌作用，对粉刺、化脓也很有疗效。

方法：先将绿茶茶末与纯水放在一个盒子里调成糊状，其好处是可以完全地溶解于水，没有颗粒。然后加入甘油，进行搅拌，再加入1/2用量的洗面奶，搅匀即可。用时取一小勺，涂于面部，待15分钟后冲洗即可。

四、抗皱茶糖美容法

茶叶中的儿茶素，是天然抗氧化剂，能提高超氧化歧化酶的活性，有利于机体清除自由基脂质过氧化物，对抗击衰老有益。

方法：喝完茶后，滤出茶渣，将茶渣和红糖各两汤匙加水熬制，加面粉调匀，待冷却后敷面，15分钟后，再用湿毛巾将脸部擦净。

五、吸附异味

将茶渣晒干装入纱布袋内，放入冰箱，可去除鱼、肉类食物散发出来的腥味；放在厨房里，可消除烹饪产生的气味；放在厕所里，可消除臭味；放在衣柜里，可除去吸附在衣服上的香烟味；放在鞋中，可消除鞋内的潮湿和臭味。

六、治疗脚气

茶叶里含有多量的单宁酸，具有强烈的杀菌作用，尤其对致脚气的丝状菌特别有效。

方法：患脚气的人，每晚将茶叶煮成浓汁来洗脚，日久便会见效。不过煮茶洗脚，要持之以恒，短时间内不会有显著的效果。而且最好用绿茶，经过发酵的红茶，单宁酸的含量就少得多了。

七、去垢涤腻

坚持用茶叶浸泡的水洗头，头发便会乌黑光亮。用一般的洗发露洗过头发后，再用茶水冲洗，可以去除多余的垢腻，使头发乌黑柔软、光泽亮丽，百分百天然滋养。

八、吸附水分去潮

把茶渣晒干，铺撒在潮湿处，能够去潮。因为茶叶具有很强的吸附作用。

九、清洗器具

用茶渣擦洗有油腻的锅碗、竹木桌椅等，可使之更为光洁。炊具沾了油垢，用新鲜的湿茶渣在炊具上擦几遍，即可将油垢洗去。如无新鲜的湿茶渣，将干茶渣加开水浸泡后亦可擦去油垢。新买的木质家具，往往有刺鼻的油漆味，用茶擦洗几遍，其异味自会消退，比清洁剂效果好。

十、花肥

茶渣中仍有无机盐、碳水化合物等养分，是很好的生物肥料。把茶渣倒在花盆里，能保持土质的水分；与泥土混合放入花盆内，又可做花卉的肥料；堆掩在花圃里或花盆里，能帮助花草的发育与繁殖。

十一、驱蚊虫

将茶渣晒干，在夏季的黄昏点燃，可以驱除蚊虫，而且对人体无害，和蚊香有类似的效果。

参考文献

[1] 黄天壬 . 茶和茶多酚抗恶性肿瘤研究进展 . 广西预防医学，2000，6（1）：51–53.

[2] 沈靖，叶本法，张振宇 . 饮茶与肝癌关系的流行病学调查 . 中华预防医学杂志，1989，23（2）：105.

[3] 熊正英，任博 . 茶多酚 / 儿茶素的补充与运动能力 . 山西师大体育学院学报，2006（2）：114–117.

[4] 张雪楠 . 家庭茶艺一本通 . 北京：中国纺织出版社，2012.

[5] 《礼品装家庭必读书》编委会 . 茶道 · 茶经 . 沈阳：辽海出版社，2012.

[6] 陈学林，黄阳 . 发展茶食品加工 拓宽江苏茶产业发展空间 . 江苏农业科学，2013，41（12）：8–10.

[7] 李南 . 茶叶保健食品的加工 . 农村经济与科技，2002，13（2）：39.

[8] 杨腊梅 . 十种茶叶保健食品的开发 . 食品科技，1995（6）：13.

[9] 新华网 . 喝茶的十大误区 . http：//news.xinhuanet.com/health/2013–03/29/c_124517440.htm.